「運」も「人」も味方につける
100のコツ

ビジネスパートナーと
最強の人間関係がつくれる

島耕作の名言集

世の中は、「好き嫌い」でできている。

入社から45年以上が過ぎ、
昇進をつづけた島耕作は、大企業の会長となりました。

彼は仕事がものすごくできるわけではありません。
左遷も何度か経験し、エリート街道を
まっすぐ走ってきたわけでもありません。
元部下のもとで働き、厳しいイジメにあった時代もあります。

それでも企業のトップにたどり着いた彼の生き方は、
いったいどこが優れていたのでしょうか。

本書は、マンガ『島耕作』シリーズのセリフの中から、
人間関係を中心に、仕事を進める上で大切な
100の名言を収録しました。

理不尽や不遇を受け入れる忍耐力。
ネガティブな姿勢を見せないコミュニケーション力。
相手の気持ちを予測する想像力。

ときに失敗をしながらも、そんな人間力を身につけ、
いつの間にか「運」も「人」も味方につけていた耕作。

「良し悪し」ではなく「好き嫌い」で
ものごとが動きやすいビジネス社会を生き抜くヒントが、
耕作とその仲間たちの言葉の中にあるかもしれません。

目次

column

主な登場人物

島 耕作《しま こうさく》

1970年に早稲田大学法学部卒業後、初芝電器産業に入社。はじめは屋外広告課に配属された。以後、異動、出向、昇進を重ね、2008年に初芝五洋HDの代表取締役社長に就任。2012年には長年の恋人、大町久美子と結婚し、2013年にテコット代表取締役会長に就任した。前妻との間に娘・奈美がいる。

中沢喜一《なかざわ きいち》

初芝電器産業に入社以来、営業職一筋。派閥に属さず一匹狼を貫き、1992年に社長に抜擢される。耕作が「この人のあとならついてゆける」と感じた人物。

大町久美子《おおまち くみこ》

課長時代の耕作に出会ってから、ついたり離れたりを繰り返した女性。社長となった耕作とついに結婚した。初芝電器産業の創業者・吉原初太郎の娘。

万亀健太郎《まんがめ けんたろう》

1999年に中沢に代わって初芝電器産業の社長に就任。アグレッシブな経営スタイルで初芝を支えた。2002年には会長に就任。その後は相談役となる。

※本書に記載されている巻数、ページ数はモーニングKCのものとなります。

理不尽でもそれが現実なら受け入れるべきだろう

取締役　島 耕作　1巻 147P

第1章

上手につきあう
（人間関係・交渉）

人を憎んだり恨んだりすることはマイナスのエネルギーだそんなことで消耗するのはやめよう

島 耕作 『取締役 島耕作』3巻 93P

上海初芝電産のトップとして働くことになった耕作。彼のもとで働く中国人女性の優秀な部下・楊《よう》は、あるマフィアの男を恨んでいた。彼女の父が、その男にだまされ全財産を奪われ、廃人のようになってしまっていたからだ。その男が失脚した後も、いまだに根に持っている楊に対し、耕作はこう諭した。

ネガティブな感情は、相手にはもちろん、自分にとってもプラスになることは何もない。耕作はどんなひどい仕打ちを受けても、「水に流す力」を持っていた。かつて先輩の今野からさまざまなイジメを受けてもぐっとこらえ、最後は今野を味方につけてしまうような、ネガティブをポジティブに変換する力だ。

仕返しは、次の仕返ししか生まない。自分の感情や行動が、そのままはね返ってくるのがビジネスなのだ。

日本には〝水に流す〟という言葉がありますが中国では一度抱いた恨みは　そう簡単には消すことは出来ないんです
本心を言えばまだスッキリしていません
人を憎んだり恨んだりすることはマイナスのエネルギーだそんなことで消耗するのはやめよう
………

対立の思想からは不信感しか生まれません

島 耕作

『課長 島耕作』12巻 53P

フィリピンに転勤となった耕作。仕事の都合上、他社の工場の労働組合結成を阻止することになった彼は、工員たちと交渉の場を持つことに。話す前から敵意をむき出しにしている相手と向き合いながら、耕作は冷静に説得をつづけた。

何かを交渉するとき、相手のミスを責めたり、感情的な態度を見せると、その話し合いはうまくいかないことが多い。お互い相手にネガティブな印象を抱き、話が主題からそれてしまうからだ。

どんなに相手が間違っていると思っても、冷静に、理論的に、平和的な態度で話すこと。交渉の目的は「相手を言い負かすこと」ではなく、たいていは「相手とうまくやっていくこと」なのだから。

その心持ち次第で、相手は「敵」にも「味方」にもなる。

相手は最初から対決の姿勢をただよわせていた人を寄せつけない鋭い眼光でじっとこちらを見据《す》えている
会社の利益が上がらなければ当然自分達の給与も上がらない……これは誰が考えてもわかることですね
これからの労働運動は対決ではなく対話と協調の時代です企業の利益を労働者が考えることは決して不自然ではありません
極論すれば会社が赤字になれば　労働者側も自ら給与をひき下げることだってあってもいいと思います
お互い信頼を得るためには労働者の側もそれぐらいのことをしてもいいんじゃないでしょうか
対立の思想からは不信感しか生まれません

サラリーマンの世界ではその不器用とも言える誠実さは決して武器にはならないぞもう少し寝技を覚えろ

宇佐美欣三『課長 島耕作』4巻173P

京都の電熱器事業部へと転勤となった耕作。彼は元上司である大阪支社の監査役・宇佐美のもとへあいさつに行く。宇佐美は副社長の座を巡って派閥争いに負け、「監査役」という閑職についていたのだ。監査役室を訪れた耕作に、宇佐美は自分の経験も踏まえ忠告を与える。

正しいことだけでは、ビジネスは成り立たない。むしろ大切なのは、どれだけ人と良好な関係をつくれるかだ。

宇佐美から忠告を受けた後、耕作は同僚からも同じような指摘を受ける。業者からの接待を拒み、慣れ合いを否定したからだ。そんな彼に、同僚はこうアドバイスした。

「わしら事業部の仕事はそういう慣れ合いみたいなバランス感覚が必要なんや 下手に業者との間に軋轢をおこすのは得策やない思うな」

人が仕事を動かす限り、正しさより人間関係がものを言う。

お久しぶりです
今どこにいるんだ?
はい 伏見の電熱器事業部に来ております
そうか……君も都落ちかそれは意外だったな
わしは君がてっきり大泉派に属していると思ってた
ゴホッ
島君ひとつ忠告しておいてやろう君は裏も表もないまっすぐな人間だそれはそれでいい
しかしサラリーマンの世界ではその不器用とも言える誠実さは決して武器にはならないぞもう少し寝技を覚えろ
はあ
実力だけでは出世は出来んこれがわしから君に贈る言葉だ

ものごとはあいまいなままで放置しておいた方がいい場合もあると思うんですよ

孫 鋭『常務 島耕作』1巻 100P

北京初芝電産のトップに立った小栗は、何でもはっきり言うタイプの人間だった。ある日、彼は領土問題について中国の役人と言い争い、怒らせてしまう。同席していた中国の家電メーカーの最高経営責任者・孫鋭は、小栗の態度をこう批判した。

ビジネスにおいて、問題はすべて解決すればいいものでもない。その問題を解決してもメリットが少なく、むしろ解決することでどちらかが大きく傷つくのであれば、先送りにするのも1つの方法なのだ。

「〝郷〟に入っても それが間違っていると思った時は従わない方針です」

こう宣言する小栗の態度は、「正論」だが「正解」ではない場合もある。正しさより曖昧さが潤滑油になることも、ビジネスには数多くあるからだ。

彼は思ったことを
そのまま言うタイプで
それはそれで
ひとつの生き方だとは
思うのですが
周りの情勢を
考えていないですね
横で聞いていた
私の方まで
ムカツきました
私も
中国人ですから
島さんと私も
おそらく本音を
語り合うと
相容れないところが
あると思いますが
その部分を追及し合って
何になるんですか……
私はそう思いますけど
同感です
ものごとは
あいまいなままで
放置しておいた方が
いい場合もあると
思うんですよ
小栗さんにはぜひ
そう伝えて下さい

好き嫌いはあっても
そこは飲み込んで
大人の付き合いを
しましょうよ

中山邦男『会長 島耕作』4巻 138P

経済連会長の戸部は、テコットの会長である耕作が嫌いであった。人気者だからだ。中山産業の会長・中山は、耕作と距離を置こうとする戸部をなだめ、こう発言した。

中山からの提案を受けた戸部は、人間関係や人脈を考え、しぶしぶ新年会に耕作を誘うことを決める。

仕事をしていれば、どうしても相性の悪い人が出てくる。考え方が合わない人もいる。しかし、好き嫌いだけで動いていては、人は離れていくだろう。自分を嫌っている人だって、表面上は普通に接してくれるのがビジネスの世界だからだ。

いい仕事をしたければ、嫌いな人の長所を見つけるぐらいの余裕が大切だ。

確かに島耕作は人気者なんだよなそこがイラつくところだ
ま 戸部さん好き嫌いはあってもそこは飲み込んで大人の付き合いをしましょうよ

釈然としないがこの世界で仕事をしてゆくのならこれ以上追及しない方がいいのかも知れない

島耕作『部長 島耕作』6巻 70P

サンライトレコードに出向していた耕作に、難題が降りかかる。看板歌手だった八ツ橋新子が病で亡くなり、その遺体が病院から盗まれたのだ。しかしよく調べてみると、それは八ツ橋の後ろ盾であった暴力団・笹憲組の自作自演の可能性が高いことに気づく。さらに詳しく調べることもできたのだが、耕作はすべてを明らかにしたい気持ちを抑え、この一件を丸く収めることにした。

音楽業界に乗り込んできてから、社外的には八ツ橋をヒットさせ、社内的にはリストラを進めてきた耕作。社内外に次々と新しい風を吹き込んできた彼だったが、どこまで踏み込んでいいかはしっかりとわきまえていた。自分1人の力ではどうにも断ち切れぬ暴力団との関係に、むやみに正義を振りかざして、状況を悪化させる必要はない、と判断したのだ。

「革新」と「やりすぎ」は、紙一重である。

バタン
今回の一連のことで
ヤクザとの係わり方を
勉強した……
ブロオオオオ
釈然としないが
この世界で仕事をしてゆくのなら
これ以上追及しない方がいいのかも知れない

人間知らない方が幸せってことも間《ま》間《ま》あるんだぞ

木暮久作

『課長 島耕作』2巻 96P

単身赴任先のニューヨークから一時帰国することになった耕作。彼は妻が不在の自宅で、妻のバッグからライターやコンドームを見つけ、疑心暗鬼になる。そんな耕作から妻の身辺調査を依頼された友人・木暮は、彼の今後を考えてこう諭した。

だれにでも「知られたくない秘密」の1つや2つはある。もしそれを知ることによって大切な人が傷つくのなら、それは「だれも知らなくていい事実」なのかもしれない。

妻の浮気を疑った耕作は、結果的に離婚の道へと進んでしまうことになった。

仕事も恋愛も、相手のことを知りすぎると、逆に関係が崩れることもある。

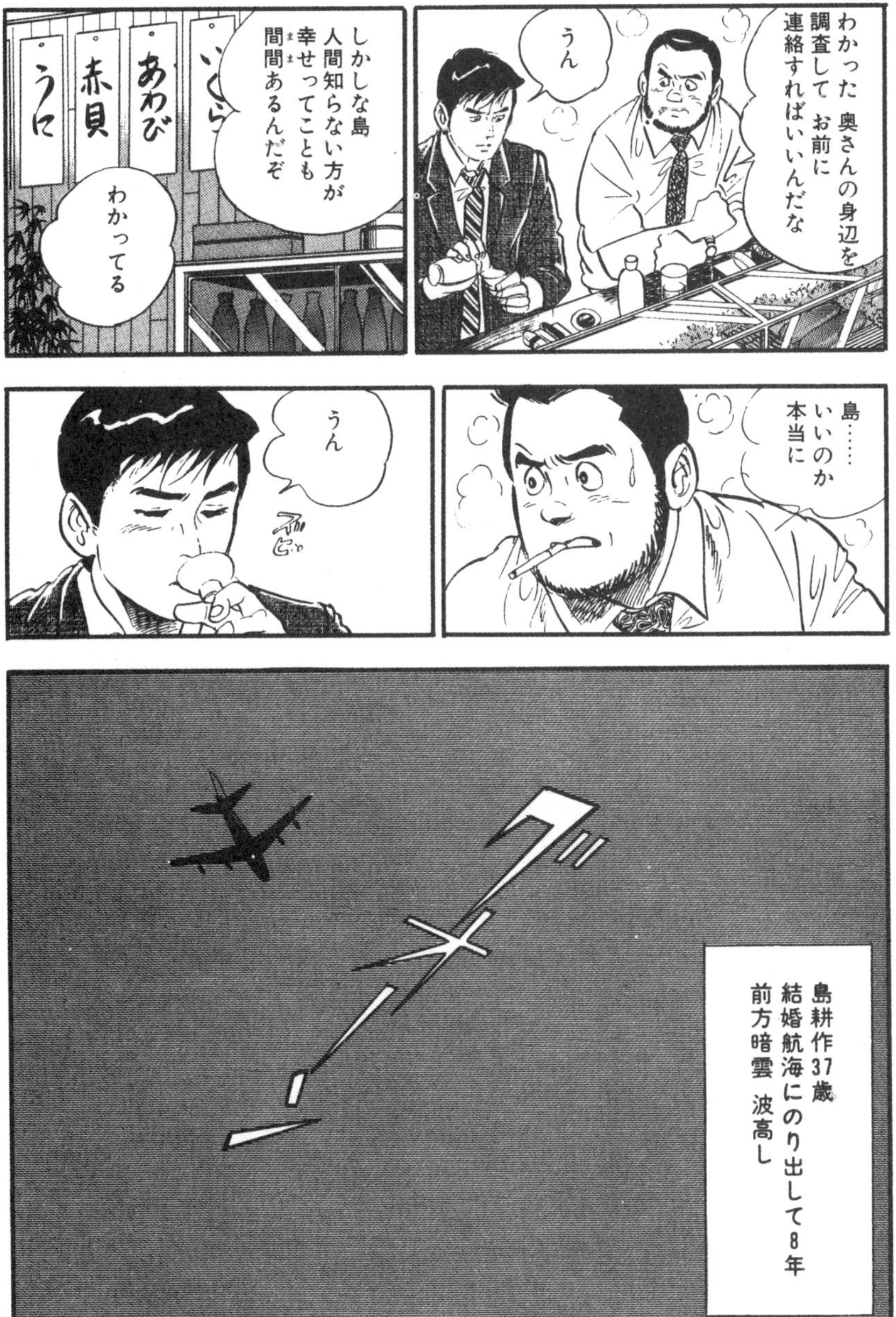
わかった 奥さんの身辺を調査して お前に連絡すればいいんだな
うん
しかしな島 人間知らない方が幸せってことも間間《まま》あるんだぞ
わかってる
いくら
あわび
赤貝
うに
島…… いいのか本当に
うん
島耕作37歳
結婚航海にのり出して8年
前方暗雲 波高し

最近俺も
やっとわかったよ………
このうどんのように
すべりよく生きなきゃ
ならないってな
何事にもまさつを
おこさないように

丸山『課長 島耕作』7巻184P

仕事で徳島ハッシバ販売へ行くことになった耕作。そこには同期の丸山が赴任していた。優秀な男にもかかわらず、5年間も徳島にいる丸山は、「自分が会社から嫌われている」と嘆く。かつて彼は労働組合の中心メンバーとして、会社幹部と対立してしまっていたのだ。

打合わせや交渉をする際は、「自分の意見が全部通ることはない」という前提でいること。そして、もし意見の対立した部分が自分にとって重要でなければ、率先して譲ることも必要だ。そうすることで、相手も自分の意見を聞いてくれる可能性が大きくなるからだ。

もちろん交渉時には、雰囲気づくりも欠かせない。正しいことを言うときほど優しい口調で。不満を言いたいときほど笑顔で。

仕事において、自分の思い通りになるかどうかは、自分の力だけでは動かせない。相手の好き嫌いや気分が、大きく左右するのだ。

島 讃岐《さぬき》うどんは 噛《か》んじゃいけない
つるっと のみこむ
この 喉《のど》ごし 感触を楽しむ これが通《つう》の 食べ方なんだ
ごくっ
最近俺も やっとわかったよ ……… このうどんのように すべりよく 生きなきゃ ならないってな
何事にも まさつを おこさないように
これが 40年間で培《つちか》った 俺の人生哲学だよ
……
さ 行こか
おう

いろんな苦情を聞いても決して否定的にはとらえないようにしようと思う

島 耕作 『取締役 島耕作』2巻 34P

上海初芝電産に転勤となった耕作。現地の状況を知りはじめた彼は、いろいろと中国のネガティブな情報を耳にする。しかし、偏見を持ちたくない耕作は、部下の中国人女性・楊にこう語った。

「あの人はワガママだ」

たとえばそんな情報を事前に聞いてから当人に会うと、どうしても悪い印象を持って接してしまう。しかし、実際に会ってみるとそうでもないことも意外と多い。

それは、嫌いな相手やものをだれかに伝えるとき、人は少し過剰に表現してしまうからだ。私たちはそのことを踏まえて、情報を自分で分別しなければならない。

「悪いうわさは、たいてい大げさに広がる」

「人から聞くより、実際に見ることが大切」

それを心得ているこの発言によって、耕作は部下の楊から絶大な信頼を得ることになる。

日本人のビジネスマンと話をすると中国人の嫌なところばかり指摘してくる国民性の違いもある
しかし私はこの中国のビジネスを悲観的に考えていない中国人には立派な人物もたくさんいるし　教えられることもたくさんあるマイナス面はあるけどビジネスチャンスはマイナス面を補ってあまりある
もっと中国とそして上海を知って日中の良い関係を築きたいんだ
いろんな苦情を聞いても決して否定的にはとらえないようにしようと思う
ボスは私にまで気配りをしてくれる人なんですよね

きれいごとではつとまらない販売の第一線で働くには今までの自分の人格を変えなければならない

島耕作『部長 島耕作』11巻 34P

福岡ハツシバ販売センターに出向となった耕作。福岡ハツシバ店会の会長・久保山と飲むことになった彼は、過剰に飲まされて吐きつづけることになる。しかし、耕作は亡き上司が裸踊りで場を盛り上げた飲み会のことを思い出し、心のスイッチを入れ直す。

クレームの対応、打合わせや飲み会でのお客さんからの無理な要求…ビジネスには数多くの理不尽なシーンがある。大小あれど、これはもう、避けられないものなのだ。

大切なのは、相手を喜ばせ、信頼を勝ち取ること。そのためには、ときにいつもの自分を壊してでも、その場を盛り上げなければならない。

その日、朝まで久保山とつきあった耕作は、後日、跡継ぎの相談をされるまで彼から信頼されるようになった。

これがあるから、つらくても人は仕事に夢中になるのかもしれない。

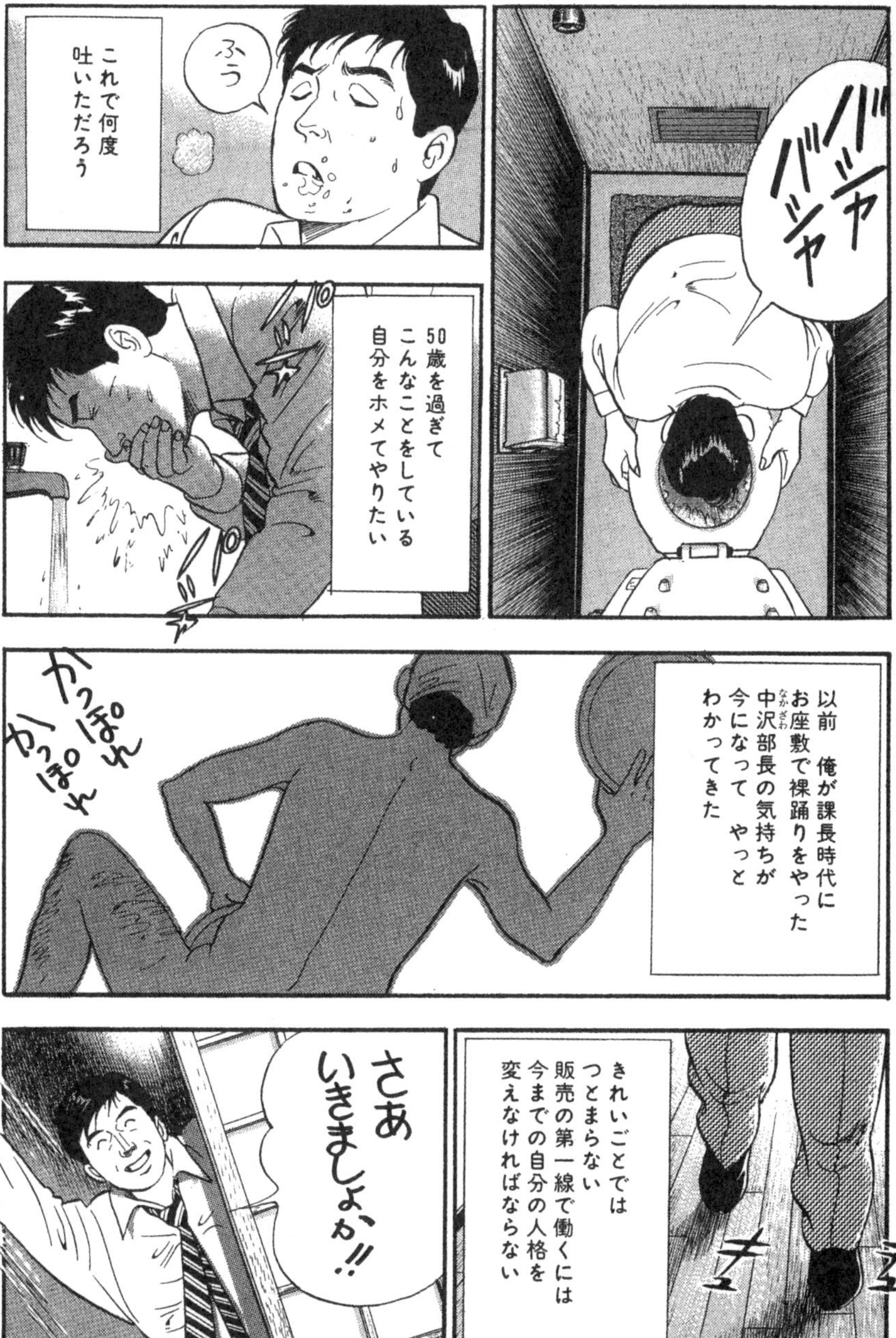
バシャ
バシャ
ふう
これで何度
吐いただろう
50歳を過ぎて
こんなことをしている
自分をホメてやりたい
以前 俺が課長時代に
お座敷で裸踊りをやった
中沢《なかざわ》部長の気持ちが
今になって やっと
わかってきた
かっぽれ
かっぽれ
きれいごとでは
つとまらない
販売の第一線で働くには
今までの自分の人格を
変えなければならない
キュ
キュ
さあ
いきましょか!!

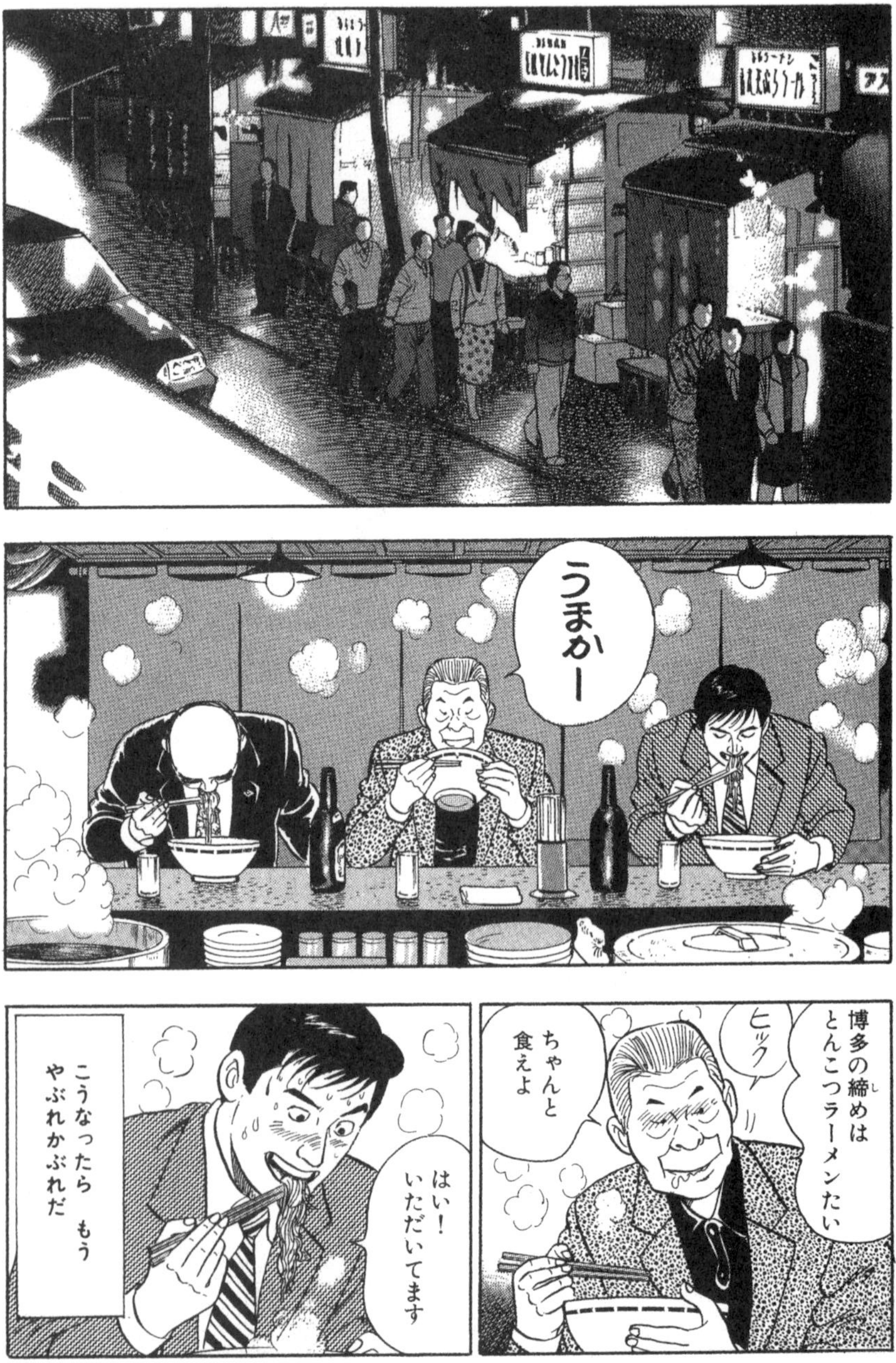
うまかー
博多の締《し》めはとんこつラーメンたい
ヒック
ちゃんと食えよ
はい！いただいてます
こうなったら もう やぶれかぶれだ

あ……もう夜が明ける
みなさん今日は朝から会議です
ヒック
あと5時間後です大丈夫ですか？
大丈夫!! 博多もんはこげんことぐらいじゃまいりゃせんちゃ
ガハハ
ドテ
!!
久保山さん!
黒岩常務!! 手伝って!
黒岩さん!!
フガー

売り上げに貢献する実績を
作りたいと思っています
それがあれば
仕事がやりやすいですから

島耕作『部長 島耕作』4巻168P

サンライトレコードに出向中の耕作は、会社を一新しようとしていた。リストラから社内体制の改革まで、自分の判断で行うためには、まず自分自身が社内で認めてもらわなければならない。彼はその決意を、出向元である初芝の相談役・中沢に語った。

新しい環境に移った際は注意が必要だ。正しいことを言っても、まわりが聞いてくれないどころか、相手の気分を損ねる危険さえあるからだ。

ビジネスでは、「何を言うか」より、「だれが言うか」も重要な要素の1つ。

耕作は演歌歌手・八ツ橋新子を三枚目のキャラクターで売り出し、大ヒットさせ、まわりが納得する結果を出してからリストラをスタートさせた。

ビジネスではたいてい、言葉より結果がものを言う。

どんな小さなツテでも持っておくと後で必ず役に立ちますから

大場 久『社長 島耕作』16巻 116P

テコットインダストリーインドネシア本社社長・大場。彼は仕事が早く、人脈を大切にする男だった。アイドルグループ・JKT48のメンバーであるナディラの父が、日本のインドネシア大使館に勤めていることを知ると、ナディラをCMで使うことを即決。代わりにインドネシア政府とのパイプを手に入れたのだ。

決定権を持つ人、これから力を持つであろう人を見極め、その人と良好な関係を築くこと。大場はその大切さを、異国の地で働く上で身を持って感じていたのだろう。大きなビジネスほど人脈がものを言うこの世界。それも最初は、小さなコネクションからはじまるのだ。

ビジネスでも、種をまいたところにしか花は咲かない。

いやあ　さすが大場さん
やることが
パッパッと早い!!
この国に限らず
〝官〟とのパイプは大切に
しなければなりません
どんな小さなツテでも
持っておくと後で必ず
役に立ちますから
みんな
頼もしい
ですね
うん

その国で仕事をしようと思えばその国の文化、社会、メンタリティーを理解してその国に溶けこまなければならない

島 耕作『専務 島耕作』1巻 80P

専務に昇進した耕作は、中国やインドのほか、北米も担当することとなった。アメリカでシングルマザーとなった娘の奈美と会い、耕作は決意を新たにする。

アメリカ、フィリピン、インド、中国…世界中でビジネスを成功させてきた耕作は、新しい場所でどうすれば人々に受け入れてもらえるかを熟知していた。

どんなに自分のやり方が優れていると思っていても、新しい場所ではまず、そこでのルールを覚え、まわりの人に合わせなければならない。そして、ある程度認められてから、組織に合わせてアレンジした自分のやり方を見つければいいのだ。その順番を間違えると、成果がでないどころか、まわりから相手にされなくなってしまう。

謙虚さと柔軟さ。この2つがなければ、人は人に好かれない。

ありがとう お父さんの その辺りの 柔軟性は 他の団塊の 世代の人達とは 一線を画して いるものね
先日　日本のテレビで アメリカのある町の 小学校を取材して いたのを見たけれど １クラスのうち 約半数がシングルマザー の子供だった…… アメリカはそういう社会 だと了解している
ブーン
これからはこの国に 年に何度も来るようになる その国で仕事をしようと思えば その国の文化，社会， メンタリティーを理解して その国に溶けこまなければ ならない もう一度アメリカを勉強 させてもらうつもりだ
変なところも いっぱい ありますよ
予想外
もちろん わかっている その辺の理解力は 中国　インドで 十分つけたつもりだ

誠意を尽くせば物事は好転するんだということを身を以《も》って学んだ

中沢喜一　『課長 島耕作』9巻 101P

20年前に社用カレンダーの発送を担当した部長の中沢。彼が北海道の豪雪地帯にソリで運んだ際、荷崩れを起こしてカレンダーがボロボロになってしまったことがあった。仕方なく届け先に謝りに訪れると、その主人は怒らないどころか、雪の中をわざわざ来てくれたことを感謝する。当時のことを、中沢は懐かしそうに語った。

相手にとって不利な情報を伝えなければならないとき、失敗を報告しなければいけないとき、なるべく会わずにメールなどで済ませたくなるのが人間だ。しかし、悪い情報ほど会って直接伝えなければうまくいかない。誠意が伝わらないからだ。

カレンダーを届けてから1年後、中沢は当時の届け先から小包を受けとる。そこに入っていたのは、破れたカレンダーと、1年間使いつづけたことを記した手紙。それは、中沢の一生の宝物となった。

そしたら
TN-300
HK-500
HATSUSHIBA
いいですよ 何も気にすることは ないっぺ この雪ン中 運んで来てくれた あんた達の気持ちだけで 十分ですわ
ほら それにさ 乾かして テープでつなげば 十分使えるし……
Love Life 1970
HATSUSHIBA
遠方から よく来て くださいました あったけえもんでも 食べて ゆっくり 休んでいって下せえ
この時 出された 雑煮の味は 今でも 忘れることが出来ない
カッ
コッ
誠意を尽くせば 物事は好転するんだ ということを 身を以《も》って学んだ
カッ
……いい話ですね
コッ

こちらに理不尽なところは何もないだから下手《したで》に出ては絶対にダメだ

国分圭太郎『社長 島耕作』9巻 32P

上海テコットのトップ・国分は、ストライキが起こっている工場に足を運んでいた。現場の状況に戸惑う管理職の部下に対し、強気の姿勢で国分はこう指示する。

相手からの要望が、正しい意見か、ただのわがままか。その見極めが大切だ。意見は取り入れ、わがままは排除する。ビジネスはその繰り返しでできているのだ。

欧米企業と比べてもテコットは低賃金ではないこと、そしてボイコット中の賃金は支払わないことなどを、国分は部下に毅然《きぜん》とした態度で説明した。そのメッセージを受けた国分の部下は、ストライキ中の従業員と交渉を開始。すると見事にストライキは終結したのだった。

理不尽な要求は、思い切り潰すべきときもある。

ストライキが中止
されなかったら
お互いにマイナスだ
テコットも損をするが
規則に従わない人間も
解雇されて職を失う
そうなるとお互い
不幸になる
中国は今
就職できない人間で
街はあふれている
ちゃんと安定した給料で
働いている
テコットの従業員は
それだけで他の人達より
幸せなんだということを
強調しろ
失業者になりたい
と思う人間を
我々は引きとめない
そこのところを
ようく考えさせるんだ
はい
こちらに理不尽なところは
何もない
だから下手《したで》に出ては絶対にダメだ
強硬姿勢を貫けば
我々もかなり痛手を受けるが
それは今後のことを考えると
耐えていかなければならないことだ
あくまでも毅然とした態度で
交渉にあたってくれ
会社は会社の利益も考えるが
同時に従業員の幸せも守る存在だと
いうことをわからせるんだ

この人は会社発展の為に働いてるのではなくて自分の出世の為に会社の内側に向って仕事をしている……

島 耕作『課長 島耕作』3巻 161P

西部ハッツシバアメリカの社長となった福田。彼は3ヵ月で50ヶ所の屋外看板を設置した。すべては社長としての功績を、社内的にわかりやすく残すためだ。設置した屋外看板を得意気に見せてまわる福田の姿に、耕作は何とも言えない感情を抱く。

自分のためだけの行動は、まわりを敵にする。だれかのための行動は、まわりを味方につけ、結果的に自分のためになる。

福田が設置した看板の1つは、住民からのクレームによって撤去を余儀なくされた。充分な保障や契約を結ばないうちに、自分の出世欲だけで建ててしまっていたからだ。

あなたの仕事は、だれかをちゃんと喜ばせていますか。

ブロロロロ
ちょっとわしがこっちに来て作った屋外看板見てみるか
はい
そらもうがんばったでエ!わずか3カ月の間に50箇所もHATSUSHIBAの10文字をぶったてたんや何故かわかるか?
いえ
仕事いうのは概《おおむ》ね抽象的なもんや自分の業績を会社に具体的になおかつ派手にアピールするんは屋外広告が一番や後あとまで残るからな
はい
この人は会社発展の為に働いてるのではなくて自分の出世の為に会社の内側に向って仕事をしている……
ほら! あれや あれ!

世の中にはついてもいいウソがあるんだってことも初めて知った……

島 耕作『課長 島耕作』5巻191P

10年以上前につきあっていた江里子が、余命1ヵ月だと知らされた耕作。それを知らせたのは、耕作の同期で彼女の夫でもある斉藤だった。「会いたい」と言う江里子のもとを訪れ、変わり果てた彼女と面会を果たした耕作は、斉藤に大きなウソをついてその場を去った。江里子は1ヵ月後、白血病で35歳の人生を終える。

この日の前に、単身赴任中で会えない9歳の娘に「ウソをつくことが一番悪いこと」と電話で説教をしていた耕作。しかしその娘もまた、父に心配をかけないために、小さなウソをついていた。

世の中は案外、思いやりのあるウソで支えられているのかもしれない。

島 ひとつだけ聞かせてくれ
ん？
江里子とおまえとは関係があったのか？
なかったよ
俺達はプラトニックだった
駅に行くまでの道すがらいろんなことを考えた
まず今晩 娘の奈美に電話をしよう
「奈美 ごめん お父さん今日ウソをついた
世の中には ついてもいいウソがあるんだってことも初めて知った……」
そして

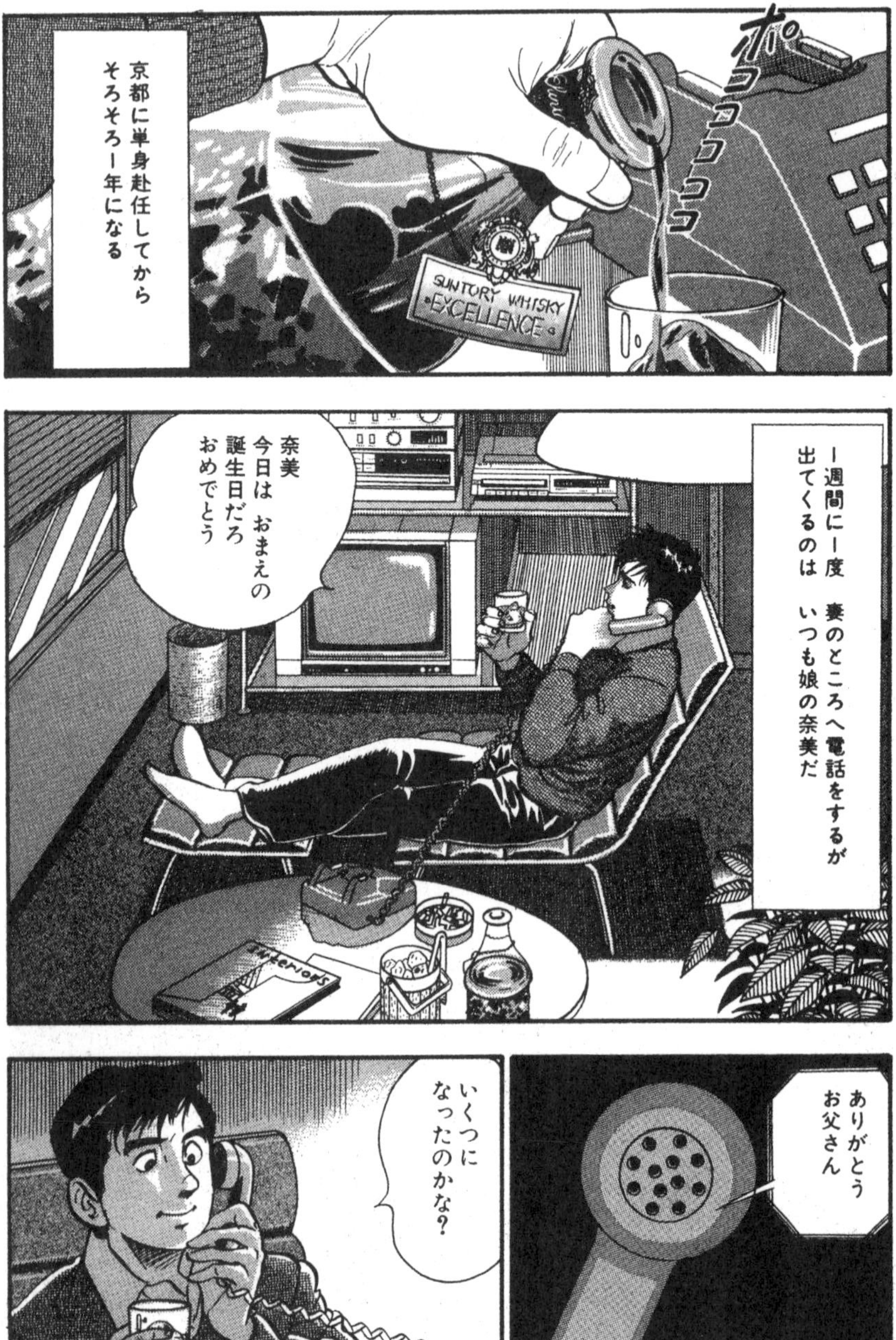
京都に単身赴任してから
そろそろ一年になる
ポコココココ
SUNTORY WHISKY
EXCELLENCE
一週間に一度　妻のところへ電話をするが
出てくるのは　いつも娘の奈美だ
奈美
今日は　おまえの
誕生日だろ
おめでとう
ありがとう
お父さん
いくつに
なったのかな?

10歳
え？もう10歳だっけ？
あれ？
あっはっはっはだまされたウソだよーん9歳！
こら 奈美！つまらないウソつくんじゃない!!ウソをつくことが一番悪いことだぞ
世の中で一番悪いこと？
そうだ！どんなウソでも絶対ついちゃいけない!!
ところでお母さんはいるか？
うん……でも もう寝ちゃってるよおこす？

あ それなら いいよ
でも いやに早いな まだ10時前なのに
うん お母さん いつも朝早く起きるから
そうか じゃ お父さんも 明日仕事だから そろそろ切るよ
じゃね！ バイバイ
ガチャン
奈美へ 今日は帰りません。ごめんね。 ママより

column 1

「人」と「運」に感謝する

決して理不尽や運を言い訳にせず、成功すればまわりの人に感謝する…
そんな耕作のビジネススタイルは、人々からの信頼を集め、
大企業の会長にまで上り詰めた。

社長に就任が決まっても、耕作におごりの気持ちは一切なかった。自分の力ではなく、運とまわりのおかげだと言い切ったのだ。

これは俺の力じゃない
80％はまわりの人に
支えられたものだ……

『専務 島耕作』5巻 204-205P

バーのママ・典子は、耕作が運を引きよせる人であることを見抜いていた。彼女もまた、耕作に魅せられた人の1人だったのだ。

大丈夫よ
島さんが　ご一緒でしょ
あの人には不思議な
運のようなものがあって
いつのまにか　物事が
うまく運ぶんだもの……

『課長 島耕作』14巻 197P

『取締役 島耕作』1巻 147P

人生の5割は
自分の力で変えられるが
残りの5割は
他力の部分だ
俺はその残りの5割で
運が良かった

出世をつづける耕作をひがむ同期に人生を語る耕作。このときも自分の力を誇示することはなかった。

『課長 島耕作』5巻 133P

専務・宇佐美の失脚とともに都落ちとなった宇佐美派の福田。彼は自分の運のなさを嘆き、耕作にこんなアドバイスをした。

それが
自分の知らん間に
気が付いたら常務や
……
サラリーマンの出世は
運8割言《ゆ》うけど
ホンマや思うわ
島君
よう覚えとけよ
実力や実績で
出世できるのは
せいぜい課長までや
それからは運で決まる

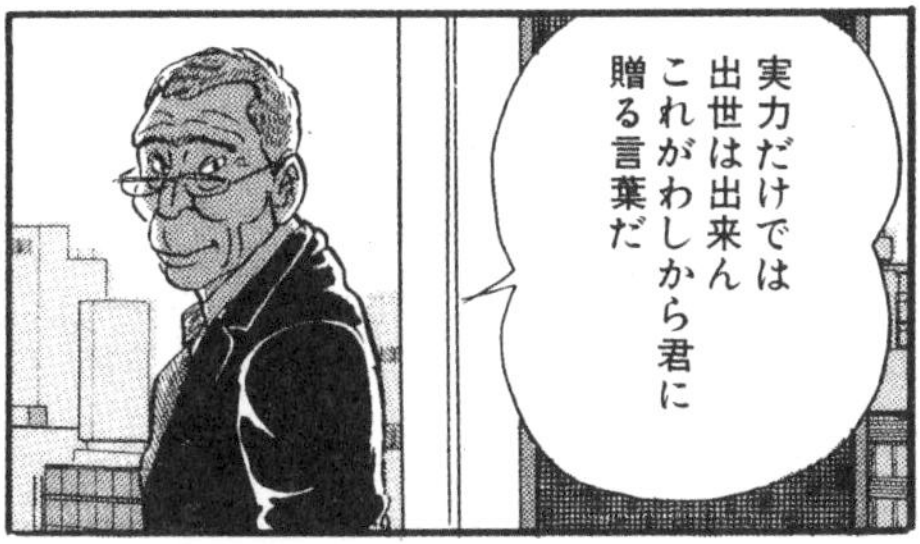
実力だけでは
出世は出来ん
これがわしから君に
贈る言葉だ

『課長 島耕作』4巻 173P

専務から閑職である監査役へと格下げされた宇佐美もまた、実力以外のものが出世には必要だと語る。宇佐美や福田といった上司との出会いも、耕作の人格形成に大きく影響しているのかもしれない。

第2章

それでも前を向く
（理不尽・変化・運）

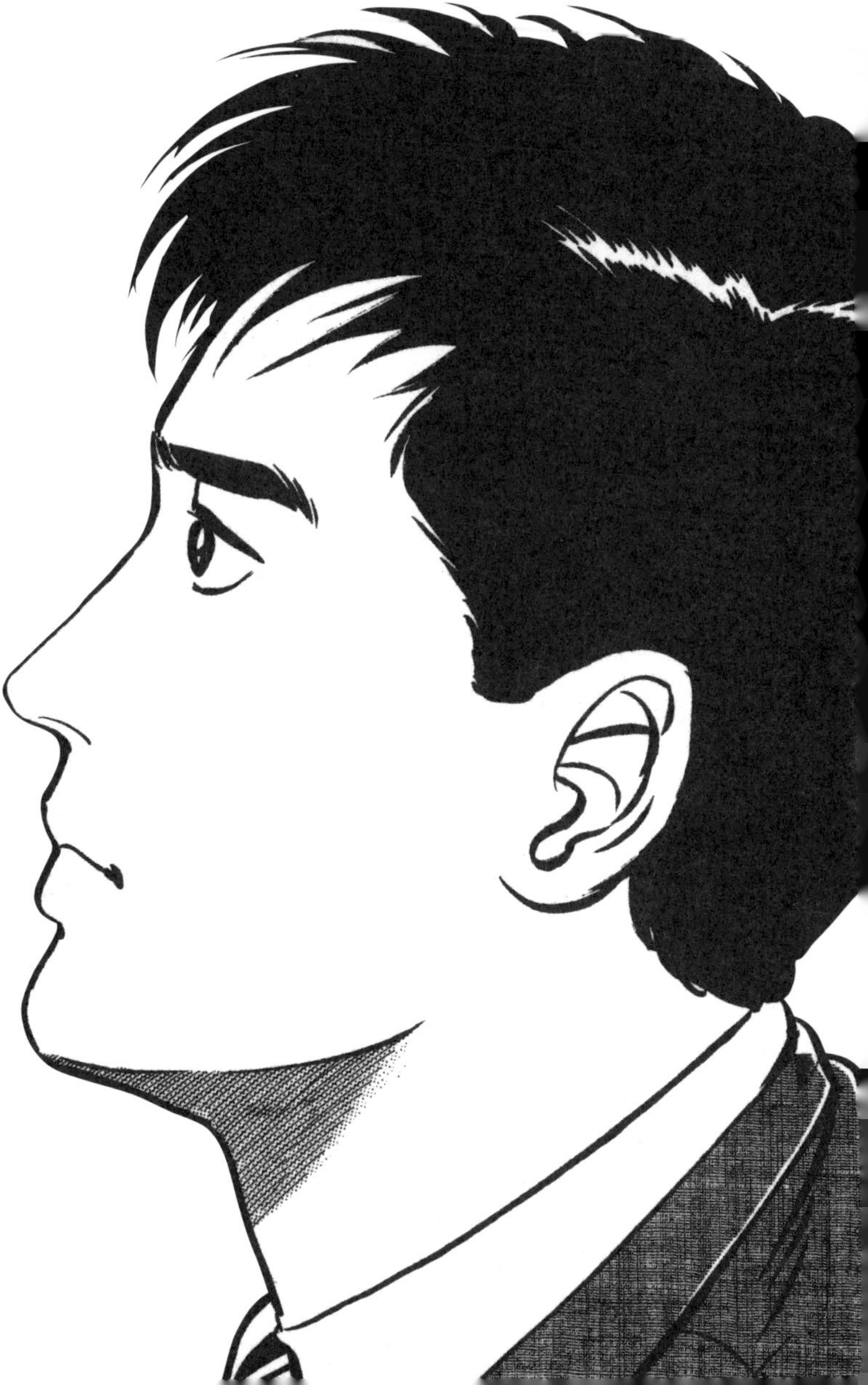

もともと現実は理屈どおりには運ばないものだ理不尽でもそれが現実なら受け入れるべきだろう

島 耕作『取締役 島耕作』1巻147P

取締役となった耕作のもとに、耳を疑うような知らせが届く。リストラされた同期の浜坂が、刀を持って本社に現れ切腹しようとしている、というのだ。耕作は本社のロビーに座る浜坂に近寄り、説得を試みた。

32年間身を粉にして働いてきたにもかかわらず、リストラされてしまった浜坂は、会社に恨みを抱いていた。また、彼の努力が正しく評価されないことに、言いようのない理不尽さを感じていた。

しかし、ビジネスでは、努力が正しく評価されることの方が、むしろ少ない。担当者の好き嫌い、タイミングなどによって結果は大きく変わってしまう。それが現実なのだ。

耕作の前向きな説得もむなしく、浜坂は最後に刀で自分の胸を突き刺してしまう…皮肉にも耕作にとってさえ、現実は理屈通りには運ばなかったのだった。

俺は家族のために会社のために自分のやりたいことも我慢《がまん》してがんばってきた そんな俺が 何故 こんな目に遭わなければならんのだ!!
人生の5割は自分の力で変えられるが残りの5割は他力の部分だ 俺はその残りの5割で運が良かった
それが納得いかん!! なぜお前だけに運がつきまとって俺には来ないんだ お前が取締役に就任したという社内報で知った時 怒りが爆発した
浜坂 もともと現実は理屈どおりには運ばないものだ 理不尽でも それが現実なら受け入れるべきだろう
自分に運がないと思っていても このあとの人生で大きな運が来るかもしれない
もちろん来ないかもしれないが それを楽しみに生きてみないか?

会社が決めることだからいくら理不尽だと思っても従わなければならない……サラリーマンの宿命だよ

島 耕作

『部長 島耕作』11巻 92P

福岡ハツシバ販売センターに出向となり、元部下の今野の下で働くこととなった耕作。彼とともにバーで飲んでいた営業企画室長の堂薗は、その人事決定を嘆いたが、耕作は気丈にも現実を受け止める。

「なんで自分だけが…」

働いていればそう思うこともあるだろう。しかしそれは、だれもが一度は思うこと…つまりそれはもう、「自分だけ」ではないのだ。

理不尽さを受け止め、ときに受け流して働くこと。耕作は左遷とも考えられる福岡で、今野からのひどい仕打ちをうけながらも、クレーム対応や常連客の接待をこなし、こうつぶやいている。

「今の仕事も結構面白い」

彼は理不尽さすら楽しんでいたのだ。

ビジネスで理不尽は当たり前。その前提を心に刻んでおかないと、不満と愚痴にまみれた日々を送ることになってしまう。

しかし　こういう言い方をしてはいけないかもしれないが　何故　島《しま》部長が今野《こんの》さんなんかの下で働かなきゃならないんですか？
島さんは本社の部長の中では一番優秀でもうすぐ役員とまで言われていた人ですよ
ま　それは違うと思うが　会社が決めることだから　いくら理不尽だと思っても　従わなければならない……　サラリーマンの宿命だよ

サラリーマンなんてのはいくら実力があっても上に行けない人もたくさんいるしその逆もいる

島耕作『専務 島耕作』5巻 204P

ついに社長に就任することになった耕作。娘の奈美から「すごい」と褒められると、彼は謙虚にこう答えた。

耕作は社長に上り詰めるまで、いくつもの理不尽や不遇を目の当たりにしてきた。その経験から、理不尽と「向き合う」のではなく、「受け入れる」ことを知ったのだろう。問題が起きても愚痴をこぼさず、よいことがあればまわりの人に感謝する。その繰り返しが、「社長 島耕作」を生んだのだ。

そんな耕作に対して奈美が返したこのセリフは、彼にとって最高の褒め言葉となっただろう。

「相変わらず謙虚ね お父さん…… でもそんな島耕作が好きよ」

彼は企業のトップとなってからも、自分の力の小ささを認め、まわりの人への感謝を忘れない。

やっぱりお父さんは凄いよ社長になっちゃうんだもの……
いや　これは俺の力じゃない80%はまわりの人に支えられたものだ……
サラリーマンなんてのはいくら実力があっても上に行けない人もたくさんいるしその逆もいる
キャハハ
俺はタイミングと運がよかっただけだ
この運を与えてくれた神様に感謝する
相変わらず謙虚ねお父さん……でもそんな島耕作が好きよ

風に向かって
踏んばって立つのも
ひとつの生き方なら
風にふかれて
ひょうひょうと
生きるのも
もうひとつの選択肢だ

島 耕作 『部長 島耕作』11巻 189P

福岡ハツシバ販売センターの常務・多南は、とある失敗が原因で社長の今野に嫌われ、ショックを受けていた。多南が性格的にもろい人間であることを見抜いた耕作は、落ち込む彼に優しく声をかける。

逆風に立ち向かうのが得意な人もいる。劣勢の立場に追い込まれても、そこからすべてを跳ね返す力のある人だ。しかし、逆風に吹き飛ばされてしまう人もいる。そんな人は、無理に向かい合おうとせず、受け入れてしまうのも手段の1つ。小さなこだわりやプライドを捨てれば、逆境の中にもやりがいや楽しみを見出すことができるはず。

目の前から吹いてきた逆風も、流されてしまえば追い風になるのだ。

元気を出せ！最近のキミは少し気弱になりすぎているぞ
今野社長に怒鳴られたくらいが何だ サラリーマンなら誰だってしょっちゅう怒鳴られるんだ
そんなことをいちいち気に病んでたら組織の中ではやってゆけない 風に向かって踏んばって立つのもひとつの生き方なら 風にふかれてひょうひょうと生きるのももうひとつの選択肢だ
私はどちらかというと後者の方に近いかもしれない
リラックスしろ
力を抜いて あまり深刻にならず気楽に仕事をこなしてゆけ 今のキミにはそれが必要だ
う うう うううう

俺は出向が冷や飯だとは
思っていないさ
いろいろ仕事が
変わるたびに
新鮮な気持ちになれる
何年も同じことを
やるより刺激があって
面白いじゃないか

島耕作

『部長 島耕作』12巻 87－88P

福岡ハツシバ販売センターに出向となった耕作。彼は熱海の研修所で、同期の平瀬と再会する。耕作の出向を「冷や飯」と表現した平瀬に対し、耕作は出向に対する自分のモチベーションを語った。

仕事をつづけていると、上司が代わることもあれば、自分自身が転勤になったり、転職することもある。そんな職場の変化は、いいことばかりではない。だからと言って、たとえば気の合わない上司と仕事をしなければならなくなったとき、「ついてない」「あいつが悪い」と愚痴を言ってもはじまらない。その職場に対応できない自分のせいでもあるからだ。

ビジネスにおいて、環境の変化はつきもの。資料をつくること、営業先を訪れることと同じように、「変化を楽しむこと」も、大切な仕事のうちなのだ。

いやあ　お前は
出世コースにのった奴と
思っていたけど
ここんとこ出向　出向で
冷や飯をくわされているなあ
ははは　俺は
出向が冷や飯だとは
思っていないさ
いろいろ仕事が
変わるたびに
新鮮な気持ちになれる
何年も
同じことをやるより
刺激があって
面白いじゃないか
ほんとにお前は
プラス志向だな
感心するよ

ある程度の弱肉強食は仕方のないことだと私は考えます

島 耕作

『課長 島耕作』12巻 55P

フィリピンに赴任中の耕作に、珍しい仕事が飛び込んできた。他社の工場の労働組合結成を、話し合いで阻止することになったのだ。権利や平等ばかりを主張する相手に対し、彼は厳しい一言を投げかけた。

仕事をする上でまず心に刻んでおきたいこと。それは、「世の中は平等ではない」ということだ。持っているお金も、人脈も、能力も、残念ながら人によってまったく違う。さらに、自分の力ではどうすることもできない運やタイミングも大きく結果に影響する。

そこに不満を抱いて下を向き、愚痴を言いつづけるか。それをバネに上を向いて、一歩一歩前に進むか。

たとえチャンスの女神が現れても、下を向いている人には見えるはずがないのだ。

そうは言ってません しかし 特定個人の為に 全体の流れを 変えることは 逆の意味で 不平等感がある と思います
全体の利益さえ あがれば 個人の利益は どうなっても いいのですか?
人間は 生まれながらにして 平等な はずでしょう!
あなたのは強者の論理だ!! 日本企業も 資本主義も そして民主主義も 根本的には 弱肉強食じゃないか!!
そういう意味では ある程度の 弱肉強食は 仕方のないことだ と私は考えます
もちろん 権利においては 絶対に平等でなければ いけません しかし 人の能力は 平等ではない これは現実です
実現の不可能な イデオロギーより 正しいと思います
それが 資本主義の 最大の弱点だ!!

努力　忍耐　節制しても
どうせ人生
末はぐちゃぐちゃ
……死ぬ時はみんな
ぐちゃぐちゃなんですよ

松本『課長 島耕作』6巻 137P

初芝の中でも数少ない知性派と言われた常務の松本。彼は九州から本社の役員に抜擢された男だったが、銀座のクラブのママである典子に恋をしてしまい、家族と別居することを決意する。

この女性問題が原因で、九州へ戻るよう命じられた松本。典子にもふられ、働く気力を失った彼は、「人生が終わった」と初芝を去ることを決める。

しかし、そんな松本を迎えにきた別居中の妻は、彼より強く、しっかりと前を向いていた。

「あなたは ほんの少し東京の悪い風邪をひいただけ あたし達の人生はこれからよ」

そう言って松本を許し、2人で九州へと帰っていったのだ。

雨降って地固まる。終わりを自分だけで決めつけない限り、仕事も人生も、何度でもやり直せる。

うすうす わかってはいたんですが ああまであからさまに 見せられるとさすがに せつなくなりますよ
でもね 私 最近人生観を 変えました
努力 忍耐 節制しても どうせ人生 末はぐちゃぐちゃぐちゃ ……死ぬ時はみんな ぐちゃぐちゃなんですよ
そんなら 色恋の道で ぐちゃぐちゃに なってみようとね……
なるほど 真理だ……
そこまで わかっているんなら 逆にすごいと 思ってしまう

神様って不公平よね どんなに誠実に生きても 早くなくなる人もいるし 悪業の限りを尽くしても 天寿をまっとうする 奴もいる

馬島典子 『課長 島耕作』9巻 211P

部長の中沢には、愛人の亜沙子との間に裕次という子どもがいた。彼はプロボクサーとして、全日本新人杯決定戦に挑む。しかし、末期ガンに侵されていた亜沙子は、病室で裕次の勝利を見届け、この世を去ってしまう。その話を聞いたクラブのママ・典子は人生の不公平さを嘆く。

ビジネスにおいても、真面目な人がすべて評価されるわけではない。汚い手段を使ってのし上がる者もたくさんいる。

神様は不公平。それでも、人はなお努力する。「真面目さ」「一生懸命さ」こそが、神様にひいきしてもらうための、唯一の手段かもしれないからだ。

「母さん！　見ててくれましたか？　母さん！」

試合後、マイクを向けられこう叫んだ裕次も、彼を育てた亜沙子も、真面目に一生懸命生きる人の1人だった。

あらま――
そんなこと
あったのオ
大変だったわねえ
運命なんだよな
誰もこの流れには
逆らえない……
ついてないのよ……
神様って不公平よね
どんなに誠実に生きても
早くなくなる人もいるし
悪業の限りを尽くしても
天寿をまっとうする
奴もいる
自分のこと
言ってないか？
いいえ 私は
きっと早く
召されるわ
佳人薄命よ

人生なんてこれから先どうなるかわからないぞだから面白い

万亀健太郎『常務 島耕作』2巻153P

会長の万亀は、耕作の住むマンションで女性に出くわした。その女性は、マンションの向かいにある四川料理屋で働いていて、弟の暴力から逃れるために耕作にかくまってもらっていたのだ。耕作とは男女の仲ではないと否定する彼女に対し、万亀はこう言った。

「先のことは誰にもわからない　だから人生は面白い」

取締役時代の耕作も、かつてこんな言葉を発したことがある。企業のトップに立つ人の多くは、苦境や不安を心のどこかで楽しめる性格なのかもしれない。

どうなるかわからないことにビクビクするか、ワクワクするか。その差で見える景色は大きく変わる。

ところでキミは
島君のコレなのか？
いえいえ
とんでもない
私達決して
そんな仲じゃないよ
ホントよ
ま 人生なんてこれから先
どうなるかわからないぞ
だから面白い
じゃ
私は帰る
はい

何かの幸せを掴む人間は同時に何かの幸せを失ってゆくそれが人生だ

荒木『部長 島耕作』8巻 171P

スタジオミュージシャンの荒木は、14歳のビッグアーティスト・Nyaccoと隠れて交際していた。耕作にその事実を知られ、別れることを決意した荒木は、泣いて嫌がるNyaccoにこう告げる。

時間も能力も限られた中では、手に入れるものと同じく、失うものも選ばなければならない。そして、だれとつきあうか、だれと距離を置くかも判断しなければならない。その積み重ねが、これからの自分をつくるのだ。

荒木はNyaccoとの別れ際に、こうつづけた。

「自由な時間があって恋愛も遊びも好きなだけ出来る普通の若者の生活を選ぶか……あるいはプライベートもない恋人も作れない だけど自分の歌を世界の人々に聞いてもらえる—— そういう生活を選ぶか それはキミの自由だ」

いいか
スターという栄光を
摑《つか》む幸せと
私生活での不幸せは
背中あわせの
ひとつのものと考えろ

歌手として有名になって
収入も社会的地位も
十分あって
人々から崇《あが》められて
そして私生活も
うまくいっている
スターなんて
皆無といっていい
何かの幸せを摑む
人間は同時に
何かの幸せを
失ってゆく
それが人生だ

自由な時間があって
恋愛も遊びも
好きなだけ出来る
普通の若者の生活を
選ぶか……あるいは
プライベートもない
恋人も作れない
だけど自分の歌を
世界の人々に聞いてもらえる
――そういう生活を選ぶか
それはキミの自由だ
ギッ

あ　ニャッコさん
今日のこれからの
スケジュールを
言います
…………
タッ
タッ
これから正午まで
お台場でビデオの収録
午後1時から3時まで
TFMで音楽番組の生出演
午後4時から雑誌のインタビュー
ユー　OK?
わかりましたか?
OK　ワカリマシタ
ガンバリマス
ブロオオオ

column 2

「得ること」と「失うこと」

手に入れるものがあれば、必ず失うものがある。
耕作はそのことを、仕事仲間の暮らしから感じとっていた。
その上で彼は、こんな言葉も残している。「何かを棄てたら失った何かを得た……
人生なんて常にそういうプラスマイナスでバランスがとれているんだ」

人より早い出世を
勝ち取った……
しかし同時に大きなものを
失ってしまったよ
ちょうど
プラスマイナスゼロだ

おまえは根っからの仕事人間なんだな……
そのおかげで人より早い出世を勝ち取った……
しかし同時に大きなものを失ってしまったよ
ちょうどプラスマイナスゼロだ

『課長 島耕作』12巻 88P

「仕事をしているといきいきするが、家に戻ると気分が滅入る」と言う樫村。彼は耕作より早く昇進を重ねた男だったが、完全な幸せを手に入れているわけではなかった。

AVソフト室長の平井も出世頭の男だったが、妻は浮気、高校生の娘は妊娠、中学生の息子は登校拒否…と家庭は崩壊していた。「出世と家庭の両立はあり得ない」と言う彼に、耕作は言葉を失う。

『課長 島耕作』15巻 168P

第3章

「自分」を持つ
（責任・自覚・自律）

人生は自分で動かすものだ　これから死ぬまで誰かに指図される人生で君は幸せか？

木野穣『課長 島耕作』9巻 13P

社長の苫米地と副社長の大泉が権力争いをする中、初芝の会長・木野は大泉派につくことになった。彼は苫米地派の筆頭である専務の石渡にも、苫米地を裏切るよう説得する。

石渡にとって、入社時からかわいがられ、長く忠誠を誓ってきた苫米地を裏切るのはありえないことだった。しかし、苫米地の失脚はもう目に見えている。恩人とともに死ぬか。恩人を裏切り羽ばたくか。

取締役会当日。社長解任を提案したのは、ほかでもない石渡だった。それは、彼が苫米地を裏切った瞬間であり、苫米地という殻を破った瞬間だったのかもしれない。

それにこれは何ですか！クーデターじゃないですか！苦米地派全員が寝返ったなんて信じられませんよ！我々は今朝も本社に集まって強い結束を誓ったばかりなんですよ！
私はだまされません！
石渡《いしわたり》君 キミが苦米地社長に忠誠を尽くしたい気持ちはわかる 君はいわば 入社以来苦米地の子飼いだった
学歴のないキミを専務にまで引きあげたのも彼だ…… 君の人生を築いたのも半分は彼だ
だが人生は自分で動かすものだ これから死ぬまで誰かに指図される人生で君は幸せか？
……

大きな力に自分を委《ゆだ》ねることが大人だとは思わん

島 耕作『課長 島耕作』4巻107P

本社国際部渉外課の課長・樫村。彼は耕作と同期入社で、出世頭と呼ばれる男だった。そんな樫村は耕作を自分が所属する大泉派の派閥に入るよう勧誘するが、耕作はきっぱりと拒否する。

大学時代からつきあいのあった樫村と耕作。樫村は「優」を35個もとって、初芝に無試験で入った優秀な社員であった。

そんな彼に、自分の生き方を「不器用」と評され、「大人になれ」と促されても、耕作は考えを変えようとしない。それがたとえ「間違っている」「矛盾している」と言われても、その考えが彼の生き方そのものだからだ。

どんな形であれ、芯を持った人間は、強い。

まいいや とにかく俺は そういう自分を何かにハメこむようなことはしたくない
島 よく考えろよ おまえはもう40だぞ
いつまでもゼンキョウトウ背負って生きるなよ
反体制は単にあの当時の若者の属性だったにすぎない それ以上何の意味もなかった
そういう不器用な生き方をしている自分にいまだに酔っているんじゃないか ……もっと大人になれ
大きな力に自分を委《ゆだ》ねることが大人だとは思わん

俺はどこの派閥にも属さないぞ！そんなきわどい勝負に出るにはまだ人生が長すぎる

島 耕作 『課長 島耕作』2巻 194P

ニューヨークでの単身赴任時代、ハツシバアメリカの社長・大泉にかわいがられていた耕作。しかし一方で、日本にいた頃の上司である福田からは、「大泉の弱点を見つけてこい！」との指示がくる。どちらの側にもつきたくない耕作は、両者が納得する道を見つけるために奔走する。

派閥に属して、出世の道を探すこと。どこにも属さず、自分の道を突き進むこと。どちらもよい決断と言えるだろう、それが自分の意志で選んだ道ならば。

一匹狼を貫いていた耕作は、のちに中沢喜一という上司と出会い、考えを改めることになる。それもまた、「この人とともに進みたい」という自分の意志で決めたものだった。

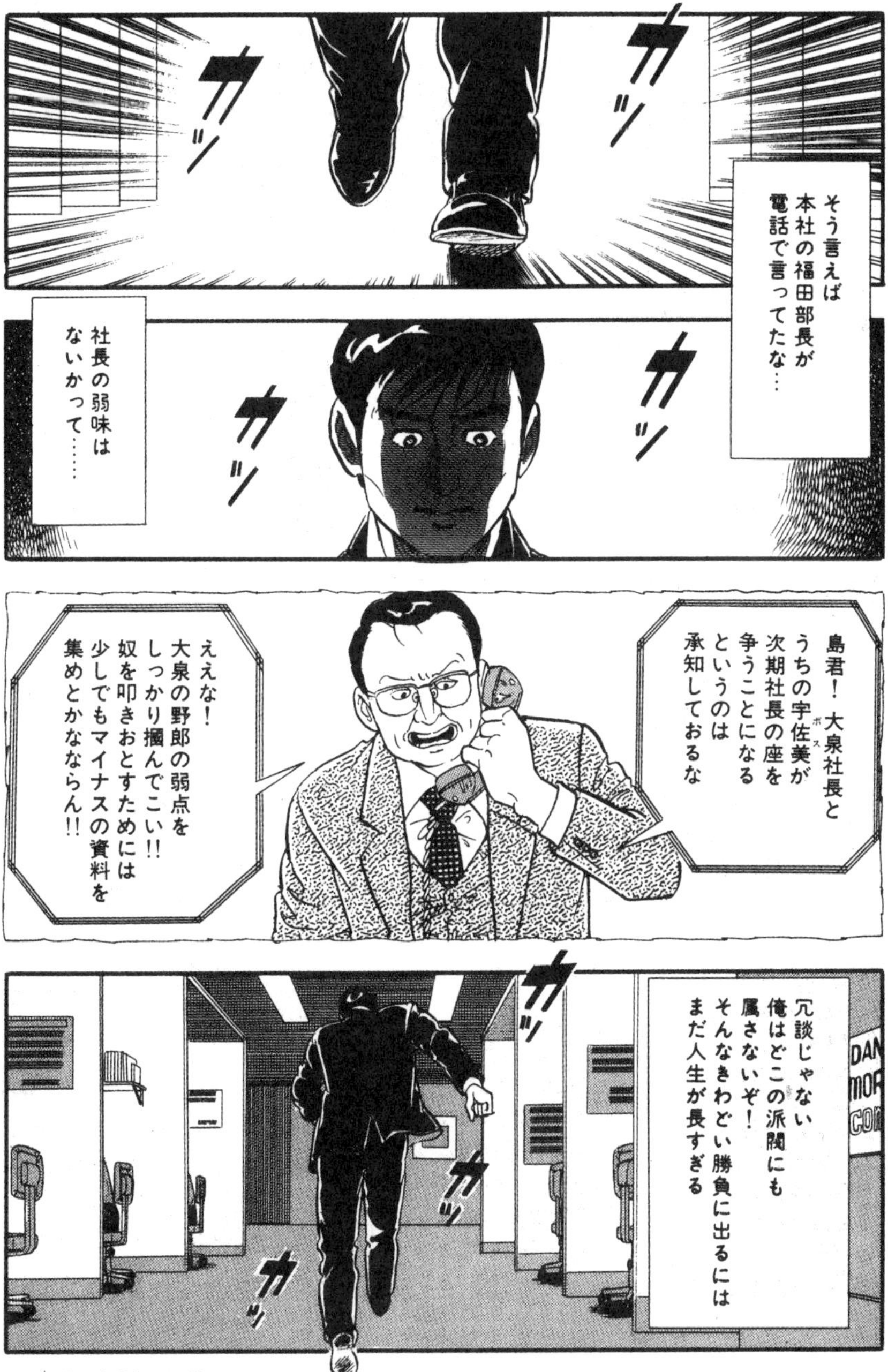
カツ
カツ
そう言えば本社の福田部長が電話で言ってたな…
カツ
カツ
社長の弱味はないかって……
島君! 大泉社長とうちの宇佐美《ボス》が次期社長の座を争うことになるというのは承知しておるな
ええな! 大泉の野郎の弱点をしっかり摑んでこい!! 奴を叩きおとすためには少しでもマイナスの資料を集めとかなならん!!
カツ
冗談じゃない 俺はどこの派閥にも属さないぞ! そんなきわどい勝負に出るにはまだ人生が長すぎる
カツ
カツ

一匹狼　大いに結構大賛成だ!!

中沢喜一『課長 島耕作』8巻 93P

社長と副社長の派閥争いに巻き込まれ、社長からクビを宣告されてしまった耕作。部長の中沢はその事実に驚く一方、権力に屈しず我が道をゆく耕作の姿勢を高く評価し、深く共感する。

派閥に入れば出世は近づくが、制約が生まれる。無所属であれば、出世に関して未知数だが、自由。権力争いで優勢と思われた社長から派閥に入るよう誘われた耕作は、迷わず後者の道を選んだ。

甘えず、流されず、縛られず。意見は聞いても、最後は自分の意志で決める。

一度はクビになりかけた耕作だったが、仲間たちに助けを乞い、その協力のかいあって復職を勝ち取った。

一匹狼は群れない。しかし、決して孤独ではない。いざというときに信頼できる仲間がいるからだ。

※逐鹿：政権・地位などを得ようと争うこと

いやな仕事でえらくなるより好きな仕事で犬のように働きたいさ

島 耕作『課長 島耕作』7巻 67P

3年間の別居生活を終え、正式に離婚することになった耕作。彼は人事本部にいる同期の小笠原から、離婚が昇進に響くことを指摘される。「出世したくないのか?」と問われた耕作は、小笠原にこう言い返した。

一見わがままにも見えるこのセリフだが、海外に転勤となっても、貿易会社に出向しても、彼は不満を1つもこぼさなかった。むしろ、その環境を楽しみながら成果を上げてきた。つまり、「好きな仕事をやる」のではなく、「どんな仕事も好きになる」というスタンスなのだ。

「好きなことでメシが食えりゃそれがいちばん幸せだ 特に出世なんて考えていない」

こんなことも言っていた耕作だが、それは「仕事を好きになれば、結果は後からついてくる」という、彼の自信の裏返しなのかもしれない。耕作は昇進をつづけ、大企業の会長となり、そのことを実証した。

しようがないな……
俺は管理することも
されることも
好きじゃない
当然　人を管理する
能力なんてないさ
島　管理職として
それは　重大発言だぞ
おまえの課は
ショウルーム課だ
宣伝系列の仕事に
なっているが　実際は
ショウルームの管理運営《メインテナンス》
および女子社員の
教育管理じゃないか
そういう課に
俺を配属したのは
おまえら人事だろ
能力のない人間に
そういう職場を任せたのは
適材適所の原則から
おまえらのミスだよ
む
島　おまえ　出世
したくないのか？
いやな仕事で
えらくなるより
好きな仕事で
犬のように働きたいさ

1人1人が自由に生きるためには他人のことには干渉しないこれは大原則だわ

アイリーン『課長 島耕作』2巻 5P

スーツの下にスニーカーをはく女性、外でホットドッグをほおばる人々…単身赴任先となったニューヨークでの光景を前に、耕作は驚きを隠せなかった。広告代理店で働くアイリーンは、そんな耕作に対してこの国でのルールを語る。

相手を尊重することの大切さは、異なる民族が集まったニューヨークだけに言える話ではない。ビジネスの世界も同じ。発言や行動に気遣いがあるかによって、自分に対する評価も一変するからだ。

他人の意見や考えを尊重することこそ、自分自身を尊重することにつながるのかもしれない。

ジーンズはいた若者も
三つ揃いのスーツで決めた
ビジネスマンも
まわりのことなど
全然気にしないで昼食を
パクついている
それで全く違和感がない
これは不思議だね
それから昼食時は
みんな その辺の屋台で
ホットドッグと
コーラを買って
明るい表通りのビルの
縁石に腰かけて食べている
ちょうど今の俺達
みたいにね……
FRANKFURTER
ITALIAN ICES 50
それがこの町の
いいところなのよ
1人1人が自由に
生きるためには
他人のことには
干渉しない
これは大原則だわ
そうだなニューヨークのように
異民族の集まった文化地域では
その辺の個人主義を徹底させ
なければならないだろうな……

目が醒めたよ
俺はもっと自分に
正直に生きることにする
周囲の情況がどうなろうと
そんなことは生きることに
関係のないことだ

平井均　『課長 島耕作』16巻　59P

妻の不倫により、暴力団から5000万円を脅されることとなったAVソフト室長・平井。出世に響くために離婚を拒んでいた彼だったが、妻のあまりの凋《ちょう》落《らく》ぶりを見て別れることを決断する。

まわりを考えて仕事をするのは、社会人として当然のこと。しかし、まわりの目だけを気にしていては、なんのための人生かわからない。

その後、井上副社長の派閥からも追放された平井だったが、気持ちは晴れ晴れとしていた。仕事のやりがいや生きがいは、他人が決めるものではないと、身にしみてわかったからだ。

自分らしい生き方は、世の中ではなく、自分の心の中にある。

子供は
どうするんだ?
……
今となっては
どうでもいいわよ
どうせ　あたしじゃ
だめだから
あなたが引き取って
育てて
目が醒めたよ
俺はもっと自分に
正直に生きることにする
周囲の情況がどうなろうと
そんなことは生きることに
関係のないことだ
本当のことを言うと
おまえなんか
最初っから
好きでも何でも
なかった

こうなったのも私の責任です　あえて晒《さら》し者になって自分をみつめてみたい

平井均『課長 島耕作』16巻 88P

ＡＶソフト室長・平井は、妻の不倫が原因で、辱めを受けることになった。妻の巨大ヌード写真を、会社の入口に貼られてしまったのだ。いっしょに通勤していた耕作があわてて隠そうとするが、平井は落ち着いてこう言った。

自分が招いた結果に対して、自分で責任を負うこと。その勇気を平井は持っていた。そして彼は気づいたのだ。人目に晒されることは、自分自身を見つめ直すいいきっかけにもなることを。

社員から好奇の目に晒されることで、彼は自分自身のいまの心理状況をこう導き出した。

「人が何と言おうが平気」

それは揺るぎない自信となり、新しい一歩を踏み出す糧となったのだ。

島さん……
今 言ったように
後は私1人で
やりますから……
しかし
早くはがさないと
会社の連中全員に
ばれてしまうぞ
いえ 今更
おそいですよ
どうせ噂が広がって
このことは 会社中に
知れわたる
こうなったのも
私の責任です
あえて晒《さら》し者に
なって 自分を
みつめてみたい
そうやって
自分が
それでもこの会社で
働けるパワーが
あるかどうか
確認したいんです

責任をとって辞める
というのは逆に
責任のがれにもなる
そう簡単に
考えてはいかん

島 耕作『部長 島耕作』7巻 45P

サンライトレコードに出向していた耕作は、ニューヨークで大型新人アーティスト・ナンシーの契約交渉をしていた。しかし、ライバル社のソラーミュージックが10億円での契約を提示したため、耕作は諦めて交渉撤退を決断。「もしナンシーがヒットしてしまったら会社を辞めよう」と提案する部下の星に、耕作はこう言って諭した。

「失敗したら辞めればいい」という態度は、無責任極まりない。たとえそれまでどんなに結果を残していても、最後に悪い印象を残して去れば、そのレッテルが貼られてしまう。責任のとり方は、その人のイメージに直結するのだ。

ビジネスには、辞める以外の責任のとり方もある。それは、もう1度挽回すること。1回で成功することより、ミスを取り返して結果を出す方が、人も組織も強くなる。

それはそうですが……
でも実績のない
アーティストに
10億は出せないですよ
だって コケたら
どうするんですか
いくら歌がうまくて
天性のスター性がある
といっても
ヒットする保証はないし
…………
確かにコケたら
大変なことだが
ソラーからデビューした
ナンシーが
大当たりしたら
もっと大変なことになる
ま その時は
島さんも私も
責任をとって
会社を辞めましょう
責任をとって辞める
というのは逆に
責任のがれにもなる
そう簡単に
考えてはいかん
それとも
キミは
ハツシバに
戻りたいのか?

あなたは自分の情況が
悪くなると
みんな人のせいにする……
こうなったのは
自分に非があるからだという
発想はあなたの中には
ないのですか？
もしそれがなかったら
あなたはホントのバカですよ

島 耕作 『部長 島耕作』12巻155P

福岡ハツシバ販売センターの社長・今野は、定年半年前に突然解任を言い渡される。部下の信頼を著しく失っていることが、初芝本社に知られたからだ。納得のいかない今野は、代わって社長になる耕作に当たり散らすが、耕作は毅然とした態度で言い返す。

問題を人のせいにするのはかんたんだ。しかし、それではまた同じミスをするだろう。自分にできることはなかったかを考え、反省し、次に活かさねば、失敗の意味がないのだ。

最初は「仕事はできる男」と評価されていたにもかかわらず、失敗や問題の責任から逃れつづけた結果、左遷を言い渡された今野。彼は人のせいにしつづけることで、自分の成長を止めてしまった。そしてまわりからも敬遠され、味方がいなくなってしまったのだ。

人のせいにしたいと思ったときこそ、自分のせいにした方が、仕事はもっと円滑に進む。

島　おまえ うまく 立ちまわったな
私が何か？
しらばっくれるな
おまえが役員6人にふきこんでわしを追い落とすように画策したんやろう!!
そうまでして社長になりたいんか貴様は!!
今野さん……
あなたは自分の情況が悪くなるとみんな人のせいにする……
な、何だとォ
こうなったのは自分に非があるからだという発想はあなたの中にはないのですか？
もしそれがなかったらあなたはホントのバカですよ

キ 貴様!!
自分の責任を何か他の要因にすりかえて自己完結する
あなたは今まで人生をそうやって生きてきた
どんなにくだらない人間でも先輩だから遠慮して私は今まであなたに黙ってきたしかし今日はあなたのためにも言わせてもらいます
自分に非があるとうすうすわかっていてもそれを認めたくないから嘘をついてその場を逃れる人に対しても自分自身に対しても嘘をついている
そういうことを重ねていると自分が嘘をついていることすらわからなくなる……

今野さん
あなたは今まで
人から好かれたことが
ありますか?
たとえば一番身近にいる
ご家族はどうですか?
おそらく
誰からも好かれて
いないでしょう
あなた自身も
それはわかっているから
逆にひらきなおって
人に好かれる努力を
しなかった……
これから
年をとってゆくと
孤独になるのが
いちばんの敵です
人に好かれる努力を
しないと
本当に孤立した
老後を迎え
淋しいまま人生を
終えることに
なりますよ
…………
ケッ
ヤッ
ヤッ
クル

そんなくだらないことを考えるヒマがあるならもっと自分の品性を磨くことを考えてはどうですか？

島 耕作
『課長 島耕作』14巻 114P

通信部に配属となった今野は、耕作を憎んでいた。今野のセクハラ問題を耕作が追及したことで、ショウルーム課から左遷されたからだ。耕作の日常業務の邪魔を企む今野に対し、耕作は怒りを込めてこう言い放った。

嫌いな人や気の合わない人の成功が面白くないのは、だれでも同じだろう。そこで、相手の足を引っ張るか。相手に負けないよう自分をもっと伸ばそうとするか。その考え方次第で、蹴落とし合う憎い敵にも、高め合うライバルにもなるのだ。

前者の考えだった今野は、さらに社内での人望を失い、孤独な道を歩むこととなる。

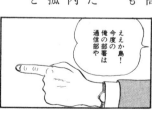

届くはずの郵便物が何故か届けへん……これでは業務に支障をきたすやろな
時には　おまえが社内メールでラブレター交換してへんかどうか内容チェックする必要もあるやろしな
今野さん……あなた自分がみじめにならないですか？
何やと!?
そんなくだらないことを考えるヒマがあるならもっと自分の品性を磨くことを考えてはどうですか？
バシャッ

いくらついてない選択をしてきたにしても半分以上は自分の責任でしょその部分を隠して社会の変化や運命のせいにするなんてずるくない？

大町久美子『社長 島耕作』9巻114P

恋人の久美子と食事をしていた社長の耕作。その場所で彼は偶然、大学時代の同級生・塩原と再会する。リストラされ、新しくはじめた事業も失敗し、家族にも逃げられた彼は、自分の境遇を嘆いていた。そして、耕作に「お金を貸してほしい」と告げる。お金を貸した耕作とともに店を出た久美子は、塩原の態度を批判した。

会社や上司に振りまわされていたとしても、その会社を選んだのは自分だ。転職先の環境が悪かったと嘆いても、その転職先を選んだのも自分だ。つきつめれば、すべて自分が選んだ道なのだ。

もちろん運やタイミングで、仕事の結果は大きく変わる。しかし、「運が悪かった」といつまでも嘆きつづけるか、「運が悪かった」と諦め、すぐに次へと切り替えるか。そこでもまた、道選びははじまっているのだ。

島さん あのお金 戻ってこない 気がするわ
うん それは かまわない
私 あそこで お金を貸すのは 反対です
しかし せっかく 立ち直ろうと しているのだから
それって…… あの人のために なるのかしら
それに いくらついてない選択を してきたにしても 半分以上は 自分の責任でしょ その部分を隠して 社会の変化や 運命のせいにするなんて ずるくない？

派閥を作る実力と仕事の実力とは別モノだぞ

木野穣『課長 島耕作』17巻 30P

社長の大泉と会長の木野は、派閥を持たない中沢を次期社長にしようと決断した。いまいる4人の副社長はそれぞれ派閥を持っており、その中のだれかに決まっても、派閥争いが起きることが予想されたからだ。社長という大任に驚き、「無理だ」と固辞する中沢に、木野はこう反論した。

初芝の命運を左右する企業買収を成功させ、実力的には申し分のなかった中沢だが、社長としては56歳と若く、派閥も持っていなかった。しかし、そのすべてが木野と大泉が望む社長像だったのだ。

専務、常務、事業部長、そして課長の耕作…さまざまな人からの後押しを受け、中沢は社長に就任することを決断した。

本当の実力者は、たとえ派閥を組まなくとも、まわりが自然と支えてくれるのだ。

第一　常識から はずれています こんなことをすれば ハツシバは世間の 笑い者です
私は　自分の力量を 知っているつもりですから この際　お引き受けする わけにはまいりません
常識から はずれている ——そりゃ 結構じゃないか
社長の椅子に 座るのは 本来　一番実力を 持った人間で あるべきだ
このままでいけば 社内の最大派閥の オヤダマが社長に 就任することになる
派閥を作る 実力と 仕事の実力とは 別モノだぞ 中沢君
会社は 永田町じゃないんだ 数の力学ではなくて 非常識で　かつ自由な 人事が可能なんだ
そしてそれが ハツシバにとっても 一番素晴らしい ことなんだ

派閥の一員となる気は全くありませんが人間関係は大切にしてます

島耕作
『部長 島耕作』13巻 188P

社長の岡林が退任し、取締役会で次の社長が選ばれることとなった。候補は事実上、専務の勝木と副社長の奈良橋の一騎打ち。勝木を推す相談役・万亀の命を受けて、耕作は取締役会の票集めをすることになる。そんな彼の姿を見た取締役の郡山は、耕作を非難するが、耕作は自分の意志で票集めをしていることを力説する。

「これは使い走りではなくて初芝の将来を見据えた上での私の判断です」

耕作は郡山を説得する際、こうも言っている。まわりに振りまわされるか、まわりとうまくやっていけるか。その差は1つ1つの行動に「意志」があるかどうかだ。

上からの指示でも、自分が納得した上で動くこと。自分の生き方を貫くため、こだわりのない部分は相手の意見を尊重すること。耕作は、そのバランス感覚に優れていたのだろう。

正直なところを言えば
私は　郡山さんを
説得するために
韓国に来ることは
無駄だと思っていました
しかし
万亀さんから
頼まれたなら
嫌とは言えません
それは人間関係です
私は郡山さんと同じで
派閥の一員となる気は
全くありませんが
人間関係は大切にしてます
それは会社を
経営していく上で
韓国を往復する旅費より
比べものにならないくらい
必要なものでしょう
人間関係を大切に
するのなら　派閥で
いいじゃないですか
どこがどう
違うんですか
派閥の一員になれば
自分の意思と
違うところがあっても
意見を合わせなくては
ならない情況が
出て来ます

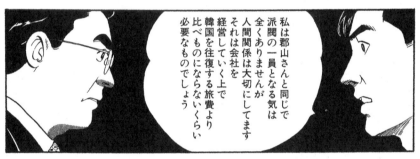

例えて言えば党議党則に縛られる政治家のようなものです それは正しい方向を見失う危険性があります
なるほど フリーの立場で是々非々主義を貫きたいと……
はい 私は故中沢社長にその生き方を教えて頂きました
島さん あなたと私は同じタイプの人間だとわかりました 改めて握手をしましょう

よろしく
しかし
同じグループでは
ありませんよ
私はあなたのことを
ライバルだと
考えていますから
承知しました
お 珍しく
雪になった……

私のモチベーションは対立から来る緊張感で養われるんです

石山慎次郎『社長 島耕作』4巻 63P

量販店の社長・石山は、ロシアに新しい店を出店した。しかし、初芝の商品を劇的に安売りしたことで、ライバルの量販店から目をつけられてしまう。各社との話し合いの場にも来なかった彼は、耕作たちにその謝罪をしながらこう語った。

ライバル社とどうつきあうかも、ビジネスでは重要な鍵となる。ある程度利益をシェアしながらうまくすみ分けるか、真正面から奪い合うか。石山は完全に後者のタイプだった。敵対心を闘争心に、うまく変えることができる人間だったのだ。

相手との信頼関係、もしくは敵対関係、金銭欲、出世欲…自分が何をモチベーションに仕事をするタイプかわかれば、どんな働き方が合っているかも自然に見えてくる。

量販店5社との話し合いの場には出てこられませんでしたね
申し訳ありません御社に出席いただいて丸くまとめていただいたことに感謝しております
しかし私があそこに行ってもケンカになるだけですあれは私の新規の店を蹴落《けお》とすための彼らの単なる嫌がらせにすぎないんですから
私の性格上彼らと折り合いをつけながらロシアで商売するというのは無理です
常に5社をライバルと考えてそこの客をぶん取るしかないんです私のモチベーションは対立から来る緊張感で養われるんです

あの頃に戻りたいとも思わないわ……今の人生はそれなりに幸せだしこれが私の選んだ道だもの

馬島典子　『部長 島耕作』1巻153P

銀座のバーのママ・典子は、病に倒れた初芝の会長・大泉の介護をしていた。彼女はかつて耕作と関係のあった時期を懐かしみながらも、いまを生きる決意を語る。

過去の自分を羨まない。いまの自分を否定しない。そういう点で、典子は強い女性だった。交友関係も派手だった時期を「人生のクライマックス」と表現したが、決していまを嘆いてはいないのだ。

いまを大切にすれば、未来はもっと楽しくなる。常に前を向いて歩きつづける典子は、大泉の死後、耕作の転勤先・中国にあるバーを引き継ぎ、目一杯人生を謳歌する。

反省はしても、後悔はしない。そんな姿勢でいれば、人生のクライマックスは何度でもやってくるのだ。

彼女 セックスは上手？
え……
うん
相性はいいと思うよ
そう……いいわね
……
私 時々あなたと逢ってた頃のことを思い出すわ あの時が 私の人生のクライマックスだったかも知れない……
でも あの頃に戻りたいとも思わないわ…… 今の人生はそれなりに幸せだし これが私の選んだ道だもの

column 3

「女性」に溺れない

数々の女性と深い仲となり、「恋多き男」と思われがちの耕作。
しかし彼は、自分から女性をくどくことは1度もなかった。
また、女性を好きになっても、その恋に溺れることもなかった。
それどころか、女性といる間も自分を客観的に見つめ直すほど冷静な男なのだ。

生涯1人の人間しか好きにならないという奴がいたらそれはよほど鈍感な人間かあるいはウソツキだ　だから夫婦間に愛がなくなったら即離婚だというようなアメリカの考え方は好きになれん

『課長 島耕作』2巻 78P

妻と娘を残してアメリカに単身赴任となった耕作。彼は現地で男女の仲となったアイリーンに「奥さんを愛しているか」と聞かれ、「そういう言葉に象徴されるような恋愛感情はない」と言い、「愛する人」と「大事な人」は別だと語った。

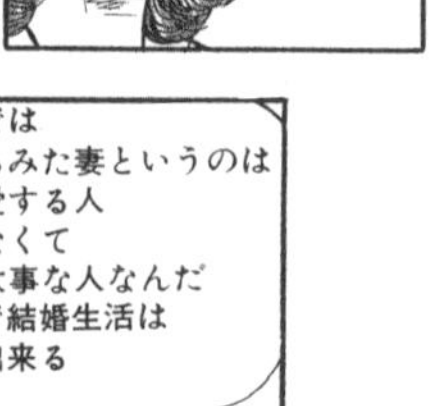
なるほど

日本では夫からみた妻というのは一番愛する人じゃなくて一番大事な人なんだ　それで結婚生活は持続出来る

生涯1人の人間しか好きにならないという奴がいたらそれはよほど鈍感な人間かあるいはウソツキだ

『課長 島耕作』2巻 101P

離婚を決めた耕作に対し、アイリーンは彼の矛盾点を指摘する。耕作は彼女の意見に納得し、キスをしながらこんなことを考えた。

離婚した大学時代の友人・五十嵐には、中学生の息子がいた。五十嵐が連れてきた新しい彼女と話そうとしない彼に、耕作は自分の結婚観を語る。

『課長 島耕作』10巻 115P

第4章

変化を恐れない

（挑戦・決断）

失敗した時のことを考えていたら何も前には進まないでしょう

島 耕作『部長 島耕作』4巻 184P

サンライトレコードに出向中の耕作は、正念場を迎えていた。大御所演歌歌手の八ツ橋新子に、三枚目のキャラに転身することを提案したのだ。「失敗したらどうする？」と問いつめる八ツ橋に対し、耕作は自分にも言い聞かせるようにこう答えた。

八ツ橋は耕作の提案を聞き、最終的に「演歌の女王」という地位を捨てることを決意。三枚目を演じることを了承し、『東京タワータンゴ』をリリースした。そして、自ら東京タワーのカブリものをかぶって歌った結果、女子高生の間でも人気となり、一躍ときの人となったのだ。

耕作は自分の進退を賭け、八ツ橋は歌手生命を賭けた。そのリスクの大きさが、リターンとなって現れたのだった。

そしてお笑い番組に出て自ら笑いの対象となるように演じる……
極端な例でいけばカブリものをつけて出るとか……
カブリもの？
あなたそれで失敗したらどうするの？
世間は何て言うと思う？八ツ橋新子は売れるためにはなりふりかまわず自分をおとしめてまでテレビに出たいんだ
彼女にはプライドというものがないのかかつての大スターがお笑い番組にまで出演して若いお笑い芸人にコケにされて見ている方が哀れになってくるなんて書かれるわよ
スポーツ新聞や週刊誌の格好の餌食《えじき》になるのよ
失敗した時のことを考えていたら何も前には進まないでしょう

無責任なようだけどやるだけやってみようじゃないか手をこまぬいているよりまず実行だ

島 耕作 『課長 島耕作』13巻 153P

耕作の部下である八木が担当していたプロジェクトは、宣伝効果がどれくらいあるか未知数な状態だった。「これでは予算が組めない」と八木は考えていたが、耕作はそれでもゴーサインを出す。

無難な企画を出しつづけていれば、「つまらない奴」とレッテルを貼られる。だからと言って、斬新な企画ばかりを提案すればいいわけでもない。それではただの「無茶な奴」だからだ。

確実な企画を7割。冒険的な企画を3割。そのバランス感覚が大切だ。3割の冒険が、次の確実な企画につながることがあるかもしれない。

そしてなにより、予算の見通しが立つ企画ばかりやっていては、予想もしない大成功は待っていないのだから。

投資する金額が
確定しないと
予算が組めません
いいじゃないか
無責任なようだけど
やるだけやって
みようじゃないか
手をこまぬいて
いるより
まず実行だ
……
島課長
かわりましたね
何が?
いえ どちらかと言えば
そういう冒険は
なさらない人だと
理解してましたが
……
何か 最近 全体に
〝まずやってみよう〟
というような
非常に攻撃的《アグレッシブ》な姿勢を
とっておられるように
見えます
そうかな
無意識のうちに やる気に
なっているのかもしれない……

機を逃すことが一番やってはならないことです

島 耕作『社長 島耕作』6巻 68P

中国企業との合弁会社設立を決めた社長の耕作。しかし、社外取締役の三塚、上田から反対意見が出た。中国が信用できないと言う2人に対し、耕作は反論する。

中国企業と手を組めば、リチウムイオン電池に必要なリチウムが安定的に得られる。しかし、自社の技術情報を中国に知られることになる。耕作はこの2つを天秤にかけた上で、それでもやる価値があると判断した。いまの自社の技術も、数年経てば過去の技術になるからだ。

やらなければただの後悔。でも、やれば反省できる。「やっておけばよかった」は、ビジネスで禁句なのだ。

ご心配な点はよくわかります　しかし　合弁会社設立後仮に1年で解消されたら完全に技術は盗まれるということになるでしょう
しかし　これから両社で行われるこまかい契約を決める作業の段階で例えば　最低5年間は　合弁事業は維持するといった内容の条件をつければいいのではないでしょうか
しかし　社長それなら6年目からは好き勝手にやられてしまうということですよ
それでいいんですか?
三塚さん　5年後にはうちの技術よりも更に優れた技術が開発されている可能性は高い
この業界は日進月歩です　アメリカ　ヨーロッパを始め世界の技術者が鎬《しのぎ》を削っています　中国だって独自開発に血道をあげています
一瞬一瞬が勝負です　技術公開を恐れて立ち止まっていたらあっという間にマーケットをとられて臍《ほぞ》をかむことになるでしょう　機を逃すことが一番やってはならないことです

たまには
バカやってみるのも
いいもんですね
毎日のルーティンから
外れてみると
こんなにも違う世界に
会えるんだ

平井均 『課長 島耕作』16巻 76P

妻の不倫相手である暴力団員からの脅しを断り、離婚を決めたAVソフト室長・平井。彼は心配してくれていた耕作と朝まで酒を飲みつづけ、そのまま会社へ出勤する。早朝の電車の中で、平井は自分の新しい出発を前向きにとらえていた。

副社長の井上からも「優秀な男」と評された平井は、家庭を犠牲にしながら出世街道をひた走る男だった。結局、離婚によってその道から大きく外れることになったが、彼はそれをピンチではなく、チャンスととらえていた。これまでのエリートコースでは味わったことのない、新鮮な1日のはじまりを迎えていたからだ。

いつもと違う道、いつもと違う時間、いつもと違う場所…ちょっとした違いが、新しい可能性を開くこともある。

山手線
JR
いやあ こんな
早い時間に
山の手線に乗ったのは
初めてですよ
気持ちいいなあ
ガラガラで
あと
30分もすれば
きっと混むんだろう
けどな……
何だか
たまには バカ
やってみるのも
いいもんですね
毎日のルーティンから
外れてみると
こんなにも違う
世界に会えるんだ

いいじゃないか 私と一緒に思い切り社長に嫌われようじゃないか！

島 耕作『部長 島耕作』11巻 190P

耕作は、福岡ハツシバ販売センターの社長・今野に嫌われていた。さらに常務の多南も、耕作をおとしめる計画に失敗して、今野の怒りを買ってしまう。耕作は落ち込んでしまった多南を気遣い、自分をおとしめようとした相手にもかかわらず明るく励ます。

上司の目を気にせずに働くことは難しい。しかし、上司の目だけを気にして働くのもまた辛い。耕作はそんな苦境に陥った多南に対して、「自分と一緒に嫌われよう」と励まし、彼が1人ではないことを気づかせた。

それまでクビを恐れ、今野の顔色を見て働いてきた多南だったが、これがきっかけとなり、今野に対して堂々と意見を主張するようになる。こうして耕作は、かつての敵を味方につけたのだ。

耕作は知っていたのだろう。人は辛い時期を共有すると、かけがえのない戦友になることを。

本当は今野さんのことなんか
最初から大嫌いでした
でも　あの人はたった一人の
初芝電産の人間だし
あの人に嫌われると
クビになると思って
いつも顔色を
うかがっていたんです
大丈夫だ
初芝はそんなことで
人をクビにするような
会社じゃない
第一この私が
許さん
Family Mart
元祖
長浜屋
ラーメン
いいじゃないか
私と一緒に
思い切り社長に
嫌われようじゃ
ないか！
は……はい!!

ジャングルの中に道を切り拓いて行く役は誰もやりたくない出来れば誰かが作った道の上を楽々と進みたいからな！

島耕作『課長 島耕作』5巻 16P

初芝から新しい立体テレビが発売されることとなった。それに伴い、一大キャンペーンを打つことが決定。ライバル会社は立体テレビの試作品を完成させているにもかかわらず、他社の様子を見て発売を尻込みしている。そんな中で将来的に大きな事業になることを見込み、先行して発売する自社の姿勢を、耕作は熱く語る。

すでに軌道に乗っているもので成果を出すより、何もないところから新しいジャンルをつくり出すことの方が難しい。「立体テレビ」という道を切り拓く決意をした自社の覚悟を、耕作はこう表現している。

「今回はハツシバは泥をかぶる役を買って出た」

しかし、かぶった泥の分だけ、成功したときの喜びも大きいのがビジネスだ。

おいところで立体テレビは本当にポストVTRになるのか？
そこなんだ 64年にはNHKでハイビジョンの放送も始まる それまでのつなぎだとは思うんだが
他社《よそ》はどう扱ってんだこの立体テレビ
ああ 当然もう試作品は完成してるさ いつでも発売できる態勢にはなっていると思う お互い他社の出方をうかがっているところだ
立体テレビなんてのは俺が入社した昭和46年にはもう開発が始まってたからな……別段目新しい商品じゃないんだ
ただ こういう新製品の場合は 先発メーカーは価格の決定と市場開拓という大変な作業を背負わされることになるだから発売には慎重なわけだ
ジャングルの中に道を切り拓いて行く役は誰もやりたくない出来れば誰かが作った道の上を楽々と進みたいからな！
HATSUSHIBA

勝てない市場では勝負をしないというのもひとつの見識かもしれませんでもそれでいいんでしょうか?

菅原邦男『専務 島耕作』3巻 27P

ハッシバアメリカの副社長・菅原は、アメリカで伸び悩む初芝の家電製品について憂えていた。韓国メーカーは、アメリカの生活スタイルに合わせて商品をつくり、着実に結果を残している。しかし、日本のメーカーは対抗しようとすらしない。日本の家電製品が韓国製品に追いやられてしまった現地の販売店で、菅原は耕作に疑問を投げかけた。

劣勢な状況に陥ったとき、諦めてしまうのはかんたんだ。しかし、それは本当に勝てない勝負なのか。正しい状況を把握できているのか。ただ努力が足りないだけではないか。

勝負所で力を発揮するのはもちろん大切。しかしその前に、勝負所を見極める力がなければ、チャンスをみすみす逃すことになる。

アメリカは家が広いので場所をとってもいいんです
その辺のマーケティング・リサーチを韓国はきっちりやっているのでアメリカで売れるんです
韓国メーカーはちゃんと調べてそういう製品をしっかり作っている……一方　アメリカでの日本の白モノ市場はすでにギブアップ状態で対抗しようとしていません
確かに勝てない市場では勝負をしないというのもひとつの見識かもしれませんでも　それでいいんでしょうか？

これからの必要とされる人材は与えられた課題を着実にこなせるエリート人間ではなくて何もないところから何かを発明できる創造力の高い人間ではないでしょうか

島耕作『取締役 島耕作』6巻 14P

文部科学大臣・細河とともに会食することとなった耕作。上海初芝電産での経験を踏まえ、中国の教育システムを語った耕作は、理想の人材像をこう提案した。

新事業や新企画は、困難がつきまとう。作業のすべてが手探りで、まわりからも「あんなことやらなくてもいいのに」と、批判されやすいからだ。

しかし、いまある仕事も、最初はだれかが立ち上げた仕事。ビジネスにおける開拓者になるためには、知識を詰め込む中国の教育は問題があるかもしれない、と耕作は指摘した。

求められるのは、すでにある仕事をこなし、発展させる「学習能力」ではなく、まだない仕事をつくり出す「創造力」。

ビジネスでは、1を10にすることよりも、0を1にする方が難しいのだ。

ただ　一部の識者の中にはその中国式のエリート育成システムが正しいのかどうか疑問視する人もいます
ほう……というと？
つまり暗記を中心にモーレツに勉強させて知識を詰め込ませるという試験エリート育成教育が子供達に創造性《クリエイティビティ》をつけさせることができるのか……ということです
天才的な科学者のエジソンやアインシュタインはいわゆる優等生ではなかった……
発明や発見に必要な仮説を立てる能力つまりクリエイティブな力を兼ね備えていた天才だったのですね
試験エリート教育は学習能力は高くなるけど創造力を養うことにはなりません
これからの必要とされる人材は与えられた課題を着実にこなせるエリート人間ではなくて何もないところから何かを発明できる創造力の高い人間ではないでしょうか

今までの自分の生活からステップアップすれば新しい人生のステージがみえる

陳《ちん》 民生《みんせい》
『取締役 島耕作』4巻132P

上海初芝電産で働く陳は、キレ者社員として耕作からも一目置かれていた。家電営業部拡販部長の彼はある日、現地の社員を集め、自分を例に出してこう鼓舞する。

常に前を見つづけること。よりよい暮らし、環境、地位を追い求めること。上へと上れば上るほど、視野も可能性も大きく開けるのがビジネスだ。

課長時代の耕作も、こんな言葉を残している。

「豊かさを否定したら人間は何も進歩しないよ」

現状維持は、退化なのだ。

大量仕入れの特典をつけるとか
利益の圧縮をしない程度の
ディスカウントをするとか
その辺の判断は
キミたちに任せる！
頭を使え!!
知恵を出せ!!

知恵が出せない人間は
ハツシバには必要ない
この会社にいて
人並み以上の生活が
したかったら
実績をあげろ!!
そうすれば
キミたちの
生活水準も
上がる

車を持て！
家を買え！
この陳《ちん》 民生《みんせい》を
手本にしろ!!
今までの
自分の生活から
ステップアップすれば
新しい人生の
ステージがみえる

不思議なものでな……ひとつ 位が上がっただけでまわりの景色がガラッとかわってしまった

中沢喜一『課長 島耕作』14巻 44P

取締役へと昇進した部長の中沢。彼は自分に用意された役員室に座り、その環境と心の変化を耕作にしみじみと語った。

身分が人をつくる。取締役になったことで、日本の財界の大物と会う機会が極端に多くなった中沢は、「環境の変化」が「考え方の変化」につながることに驚いていた。いままで自分のことや生活のことしか考えていなかったのに、いまや日本全体のことまで考えるようになったからだ。

耕作も中沢の言葉に共感し、こう話している。

「ひとつ階段を上がれば全く違った世界が自分を待ちうけているのだと思います」

上を目指して上るほど、視界が開けていく。ビジネスにも、上り詰めた者にしか味わえない絶景がある。

カカカ
急に新しい部屋を
あてがわれて
かえって
落ちつかないよ
でも 正直言って
中沢部長が
役員になられるなんて
想像つきませんでした
不思議な
ものでな……
ひとつ 位が
上がっただけで
まわりの景色が
ガラッと
かわってしまった
どういう
ふうに？
ひと口で言えば
人との出会いの
スケールが大きく
なったんだ

名刺を交換する相手の肩書きが大きいということですか？
そうだ日本の財界の大物と会う機会が極端に多くなった
まるで場違いのステージに自分が押しあげられたような気がするよ・
それが男の人生というもんでしょうひとつ階段を上がれば全く違った世界が自分を待ちうけているのだと思います
変なもんだ……その階段を上がっただけで自分の考え方まで変わってしまう
つまり今までは己の生活のことしか考えなかった家のローンがあって……妻子のことが気になって……
会社にいけばポケットに手をつっこみながら部下を相手に巨人の優勝の行方を占ったりして……仕事も自分にみあった分適当にこなして……

それが今や
日本全体のことも
考えるようになった
自分の裁量ひとつで
会社の方向が決まる
こともある
ハツシバの方向が決まれば
日本の経済界にも
影響を与える
はい
日本の経済は
世界の経済にも
つながっているんだ
個人という
小さな単位が
世界の動きに
関与する怖さ
というものを
確かに感じるな
中沢部長
すばらしいじゃ
ないですか
非常に
やりがいのある
人生だと思います
島君
とりあえず
俺達が取りくむ
大きな仕事は
コスモス映画の
買収だ

五十を越えたからこそもう好き勝手にやった方がいいんじゃないスか？

星 康夫 『部長 島耕作』7巻 46P

耕作の部下・星は、会社を辞めたときのことを考えていた。彼はベンチャー企業を立ち上げる野望があったのだ。その会社に誘っても年齢を理由に拒む耕作に、星はこうつぶやいた。

星はその後、ＩＴ関連のベンチャービジネスをスタートした。一方、耕作も自分自身の人生を見つめ直すが、初芝で生き抜くことを心に決める。

チャレンジするのに、年齢制限も定年もない。そして、冒険心さえ失っていなければ、会社に残るのも、大きなチャレンジの1つなのだ。

ベンチャー企業を
立ちあげます
もし そうなったら
島さんも来ませんか?
いや 俺はもう
五十を越えている
今さら荒野に
踏み出していくほど
若くはないさ
そうかな
五十を
越えたからこそ
もう好き勝手に
やった方が
いいんじゃないスか?

権力を棄《す》てるとこんなにも心が軽うなるゆうことを初めて知りました

膳所《ぜぜ》雄之介　『社長 島耕作』3巻 50P

フロンティア音響会長・膳所は、退任の際に一大決心をした。自宅や別荘、有価証券などをすべて換金し、50億円ほどを従業員に還元したのだ。いままでとは打って変わり、小さな借家で暮らしはじめた彼は、家に訪れた耕作にこんな本音を漏らした。

権力にしがみつくほど醜いものはない。しかし、いままで持っていた地位や権力を手放すことは、年を重ねれば重ねるほど難しくなる。それでも、永遠に居座れるものではないのもまた事実。組織が長くつづくためには、人の入れ替わりが不可欠だからだ。

「権力を手放すのが惜しい」と思ったときは、もしかしたら手放すべき時期が訪れたということかもしれない。

島さん……権力を棄《す》てるとこんなにも心が軽うなるゆうことを初めて知りました
何でもっと早《はよ》う気付かへんやったんやろうと思いますわ
…………
今までは自分一人で会社を引っぱっていこうという気負いがありました
だから無能な部下はどんどん切り棄てた
しかし　結局はそれが一種の恐怖政治となって私に対して誰も進言してくる人間がいなくなった……私は自分が間違った方針を打ち出していてもそれに気付かない裸の王様やったんです……

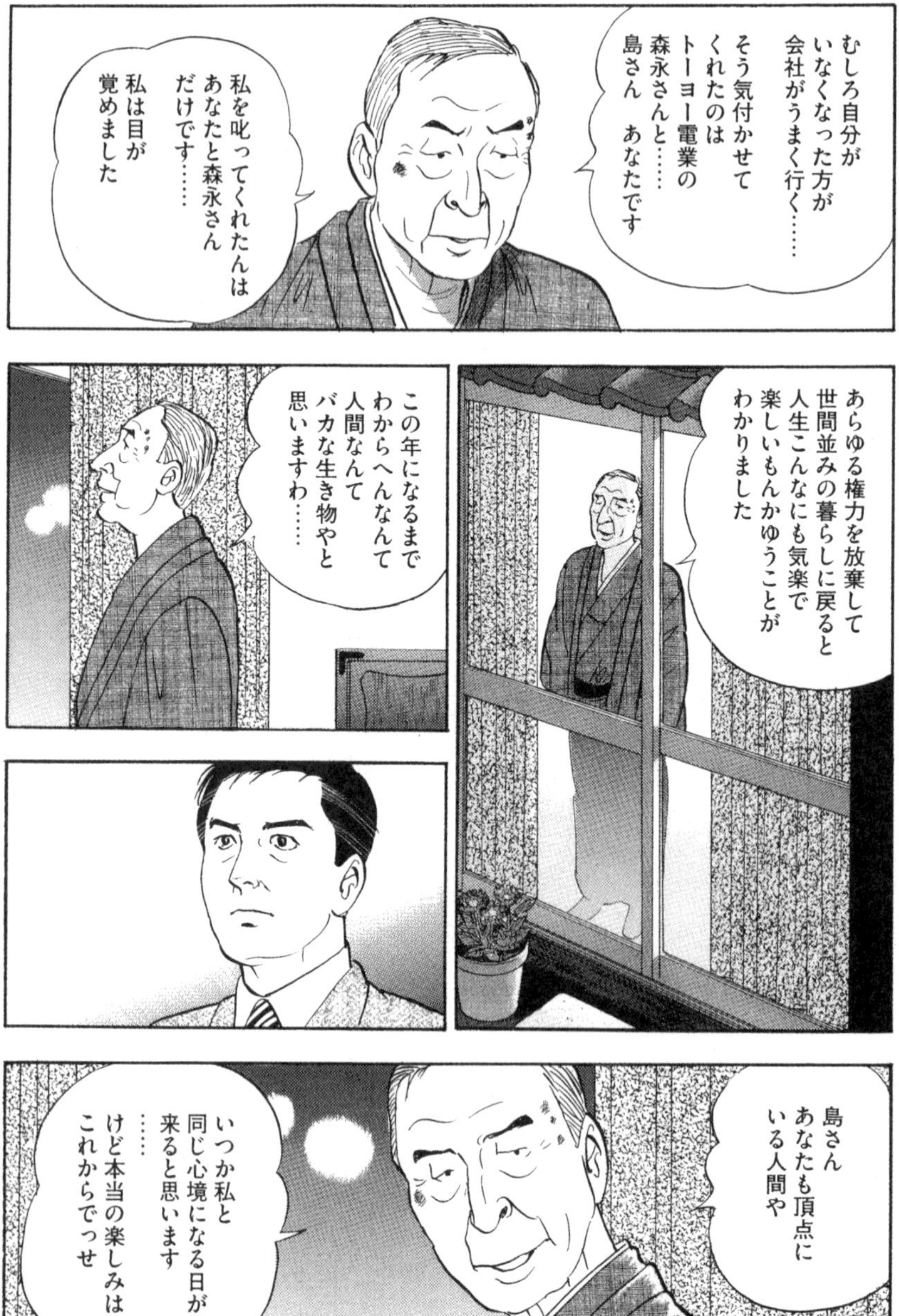
むしろ自分がいなくなった方が会社がうまく行く……そう気付かせてくれたのはトーヨー電業の森永さんと……島さん　あなたです
私を叱ってくれたんはあなたと森永さんだけです……私は目が覚めました
あらゆる権力を放棄して世間並みの暮らしに戻ると人生こんなにも気楽で楽しいもんかゆうことがわかりました
この年になるまでわからへんなんて人間なんてバカな生き物やと思いますわ……
島さんあなたも頂点にいる人間や
いつか私と同じ心境になる日が来ると思います……けど本当の楽しみはこれからでっせ

あ
もう
こんな時間だ
外で車を
待たせてありますので
お暇《いとま》いたします
そうですか
何もお構い
できませんで
……
膳所
お言葉に甘えて
長居をして
しまいました
失礼いたします
角を曲がるまで
見送ってくれる
膳所さんの姿が
心痛い……
カッ
カッ

今まで誰にも属さないとツッパってきたが……そろそろ主義を変えなければならない時期なのかもしれない

島 耕作

『課長 島耕作』13巻 148P

部長の中沢の取締役就任が決まった。上司の昇進を心から喜ぶ耕作だったが、中沢の「俺の腹心としてやってくれないか」という言葉を思い出し、耕作自身も人生の岐路に立ったことを悟る。

宇佐美派、苦米地派、大泉派…過去にいくつもの派閥から誘いを受けながらも、自由に働きたいがために一匹狼を貫いてきた耕作。しかし、彼はついについていくべき人を決める。その相手は、同じく一匹狼ながらも役員にまでのし上がった中沢だった。

だれかについていくことは、いままでの耕作からすれば真逆の生き方になるが、その決心に迷いはなかった。「生き方がぶれた」のではなく、年齢に合わせて「楽しみ方を変えた」だけだったからだ。

最後に生き残るのは、強い者ではない。柔軟に変われる者だ。

俺は　キミの
どの派閥にも属さない
生き方を知っているから
頼みづらいが……
これからは
俺の腹心として
やってくれないか……
頼りになるのは
キミしかいない
ムリにとは
言わんが……
はい……
前向きに
考えます
今まで誰にも属さない
とツッパってきたが
……
そろそろ主義を
変えなければならない
時期なのかもしれない
フーーッ
そういう年齢に
なったのか……

「この人と一緒なら」と思える〝上〟にくっついて運命を共にするんだな

中沢喜一『課長 島耕作』8巻 94P

耕作の生き方に強く共感していた部長の中沢。彼はいままでの自分の経験を踏まえ、部下の耕作にアドバイスを送る。

「この人のあとならついてゆける……そういう人の存在を初めて感じた」

アドバイスを受けてからこんな気持ちを抱いた耕作。その予想は当たり、数年後、中沢の右腕としてさらに出世街道を突き進むことになる。

もし誰かについていくなら、「ただ仕事ができる人」より、「自分が共感できる人」「自分と同じ生き方の人」を選ぶ方がいいのかもしれない。

仕事の結果もやりがいも、「どうやるか」と同じぐらい、「だれとやるか」に左右されるものだから。

俺もずいぶん いろんなところから お誘いがかかったよ
確かに この地位から 上に行くには 上からひっぱりあげて もらうしかない
そのためには 「この人と一緒なら」と思える〝上〟に くっついて 運命を 共にするんだな
しかし これは 一面 大きな賭けだ ボスがポシャれば 自分も終わりだ
いくら 実力があっても そんなことは 関係なしだ 福田部長の 例もある……
所詮 サラリーマン なんてものは 危険な運命共同体の 筏《いかだ》に乗っている ようなもんさ
もっと 大きく考えれば 会社そのものが 筏なんだからな ……

ま　俺は部長になった……
大卒のサラリーマンで部長になれば大出世だ
これ以上は望まんし人に運命を委《ゆだ》ねるのも性《しょう》に合わん
だから俺は一匹狼でいるんだ
ま　これで終わりだけれど気楽に会社生活を楽しんでいる
カカカ
私も全く同感です
私は出世することより好きな仕事が出来ればそれでいいと思っています
そうだ！
その考えで行けば人生あくせくしないで楽しく歩いて行ける
ところでさっきの話だがな
島君……
はい

俺のカンでは
敗れるのは
苫米地さんだろうと
思う……
このまますんなり
会社を去るな
え？
……と
いいますと？
今すぐ俺に
休職届を出せ
病気治療でも
何でもいい
そして
明日から
会社に来るな
はい？
今月末　つまり
あと1週間で
どっちみち
解雇通知がくる
そういう形で
会社を去るのは
格好がつかないし
周囲には
別れの挨拶《あいさつ》を
して歩かなければ
ならんだろう
しかし休職中なら
そんなことは
しなくてすむ
クビになったことは
誰にもわからん

……はい
苫米地さんが失脚すれば
大泉新社長に
俺の方から頼みに行く
君を復職
させるようにな
……
それが……
スムーズに
職場に戻れる
唯一の方法だ
あ　ありがとう
ございます
じゃ
行こか
中沢部長とは
スタンスが同じだ
と思った……
はい
この人のあとなら
ついてゆける
……
そういう人の存在を
初めて感じた

column 4

「人生」を見つめる

友人の離婚、自分の再婚、関係者の死…
人生の節目が訪れるたびに、自分の生き方を見返す耕作。
普段、1つ1つの仕事に対して愚痴や不満を言わない彼だったが、
そのときだけは、人生に対して悲観的になることもあった。

人間なんて
みんなそうやって年をとって
朽ち果てるものかもしれんな……

妻と離婚してフランスで出会った女性と再婚しようと考える同期の平瀬に対し、耕作は考え直すように説得。その意見を受け入れた平瀬を見て、耕作は人生のむなしさを嘆いた。

『部長 島耕作』1巻 189P

『社長 島耕作』13巻 188P

明日は
何が起きるかわからない
……それが人生だ

長年ついたり離れたりを繰り返していた久美子との再婚を決めた耕作。きっかけは彼女の癌だった。会社に向かう道の途中、耕作は一連の展開に自分でも驚く。

『取締役 島耕作』4巻 118P

仕事って何だ
その仕事に支配される人生って 何なんだ
五十五年間生きてきて初めて先が見えなくなった

取引先の経営者が、運転中に交通事故で亡くなった。しかもそれは、自殺とも疑われる事故だった。その直前に彼に会って取引中止を告げていた耕作は、何が正しいのかわからなくなり、涙に暮れる。

第5章

基本をおろそかにしない（心構え・マナー・スキル）

周りの人間から話を聞いて自分で考えろ

島 耕作

『常務 島耕作』1巻 178P

上海の反日デモによって、販売店にある初芝の商品が襲われてしまった。被害を受けた店舗の経営者・孫鋭は、初芝の家電を置かないことを決断。上海初芝電産を統括する八木が電話で孫鋭に交渉するも、一方的に断られてしまう。何も考えずにどうすればいいかを聞いてくる八木に対して、耕作はこう突き放す。

相手の話に従うだけでは言いなり。自分で考えるだけでは独りよがり。ビジネスでは、会議や打合わせで話し合ったアイデアの中から、自分自身で選択するのが基本だ。

耕作はその後、自ら直接孫鋭に会い、デモの情報を集め、中国人社員に対策を指示する。彼自身もまた、「周りの人間から話を聞いて自分で考えろ」を実践したのだった。

八木董事長《やぎとうじちょう》キミはそういう時は電話ではなく自ら北京《ペキン》に行って話すべきじゃなかったのかな
それが礼儀というものだ
相手が一方的に契約を破っているのに礼儀もクソもないでしょう
北京まで行くだけ経費がムダです
八木君 確かに今すぐは我々の主張は受け入れてくれないだろう しかし話の進め方次第では時期が来ればまた契約を復活してくれる
ケンカ別れをしては中国では契約をしていようがしていまいがそれで終わりだ
じゃ どうすれば いいんですか
周りの人間から話を聞いて自分で考えろ
ガタ
私は北京へ戻る

利益が出せなかったら頭を使って利益を出せるようにするんだ

島 耕作『取締役 島耕作』4巻 76P

上海初芝電産で働く耕作は、ある問題に直面していた。中国の農村部で、初芝の家電が思うように売れないのだ。原因は、初芝の家電が地元の企業の家電より3割〜5割も高いこと。「あえて農村部で勝負しなくてもいいのでは」と提案する部下に対して、耕作は異議を唱えた。

問題が生まれたとき、対処法は2つある。問題を解決するか、もしくは問題を避けて通るかだ。耕作はもちろん前者だった。部品を現地で調達することで価格を下げ、現地企業と争えるぐらいの家電をつくることを考えた。

「すぐ諦めない」

「まず考える」

仕事に慣れてくると忘れてしまいがちだが、チャンスはいつも頭の中にあるのだ。

壁が現れるたびに避けて通っていては、それがくせになってしまう。

確かに今のままでは我が社に勝ち目はない しかし農村部には大きな魅力がある
それは需要だ そこには大きな需要があるんだ だから撤退するわけにはいかない
なぜなら テレビの普及率が都市部はとっくに100パーセントを超えているのに 農村部では まだ40パーセントに満たない 利益が出なくても売れる市場は放っておけない
ものがどんどん売れる市場は大変貴重だ 利益が出せなかったら頭を使って利益を出せるようにするんだ
農村部はこれから開拓しなければいけない魅力的な市場だからな

郷に入っては郷に従え この気持ちのない奴は ダメだな

万亀健太郎『取締役 島耕作』2巻 40P

上海初芝電産から一時帰国した耕作は、会長の万亀、社長の勝木ら役員とともに昼食をとることになった。シェフから食用蛙を見せられ、役員たちが引いていくのを見て、万亀は笑いながらこう言った。

どんなに努力していても、新しい環境になかなかなじめないことがある。その原因の多くは、いままでの自分のやり方を変えられないからだ。ただでさえ、新参者は厳しい目で見られるもの。新しい環境に飛び込む際は、まずはその現場のルールに従うことも、ビジネスのルールと言えるだろう。

後年、社長に就任した耕作は、ロシアを訪れた際、こう言っている。

「ビジネスの基本は〝郷に入ったら郷に従え〟だ　ロシアに来たらロシアの酒を飲む!!　これは当たり前!!」

耕作にとって、新しい環境のやり方に合わせることこそ、彼自身の生き方なのだ。

はい
昨日　上海から空輸されてきた食用蛙です
うわあ　これはだめだ
私も　かんべんしてくれ
ハハハ　そういう人間には海外担当はさせない
郷に入っては郷に従え　この気持ちのない奴はダメだな
俺もムリだけど
その点　島君はヤワラカ頭だから海外勤務には向いているかもな
ヤワラカ頭というより単なる好奇心旺盛というやつで何でも試してみるクセがあるんですよ
女もか？　ガハハハ
いえいえ　そんな

義理を欠いては人間生きてはいけません

加治一明『社長 島耕作』9巻 79P

上海テコットのトップ・国分の部下が中国で逮捕されてしまった。死刑の可能性があることも知った国分は、部下の命を救うため、国会議員の加治に土下座して協力を頼み込む。その依頼を、加治は快く引き受けた。

以前、耕作や国分の協力のもと、中国の重要な情報を手に入れていたことを、加治は忘れていなかった。だれかに助けられたら、そのだれかを今度は助ける。当たり前のことだが、意外とできない人も多い。

たとえば人の紹介で仕事をして成功したとき、紹介してくれた人に感謝はしているか。自分の要望を聞き入れてくれた人から逆に頼みごとをされたとき、無下《むげ》に断っていないか。

まわりから協力してもらえる人は、いつだってまわりに協力している人なのだ。

国分さん
顔をあげて下さい!!
あなたの気持ちは
十分伝わりました
涂虎源に電話します
え?
元はと言えば
私が島《しま》社長に
無理矢理協力を
お願いしたことです
コトの責任は
90%私にあります
陳さんを助けましょう
では
椎葉総裁の
要請は……
勿論
断りますよ
それが「義」と
いうものでしょう
義理を欠いては
人間生きては
いけません

それは常識ではなくて悪習というんです

島耕作

『部長 島耕作』4巻146P

サンライトレコードに出向中の耕作。彼は営業本部長の常盤《ときわ》が、ワイロを使って自社の曲をテレビの主題歌に使ってもらったことを知る。「この世界の常識」と言う常盤に、耕作は厳しく反論した。

ただの飲み会を経費で落とすこと。交通費を余分に請求すること……入社した当初は違和感のあったことでも、いつの間にか普通にやってしまっていることはないだろうか。「みんながやっているから」と、感覚が麻痺していないだろうか。業界や社内での常識が、一般的に見れば非常識ではないか、疑う強さが必要だ。

後日、常盤を含め不正を行っていた役員は耕作によって会社を辞めさせられることとなった。

モラルのない仕事に、未来はない。

おそらくそれは
主題歌として
使ってもらうために
担当プロデューサーに
ワイロとして使った
お金ですね
そこまで勉強
されましたか
そのとおりですよ
ま　この世界の
常識ですからね
ではその
プロデューサーから
全額返還して
もらって下さい
な！
何を
言ってるんですか
島専務！
それは
常識ではなくて
悪習と
いうんです

自己を管理出来ない人間が他人を管理出来るわけがないという発想なのか……

島 耕作 『課長 島耕作』2巻 3P

ニューヨークに単身赴任中の耕作。朝からセントラルパークをジョギングする人々を見て、彼もその中に加わりながら、アメリカ人の健康に対する意識について考えた。

健康を管理することは、仕事をする体力を養うだけではない。心の健康や、見た目をキープすることにもつながり、ひいてはまわりからの信頼度にも大きく影響する。

「体と心の健康第一」。その後の耕作が会長まで上り詰めたのも、大きな病気を患うことなく働きつづけられたからにほかならない。

アメリカ人は本当に
ジョギングの好きな国民だ

アメリカのエグゼクティブは
多分にストイックな戒律を作り
自らそれに縛られるのが好きらしい
タッ
タッ
肥満体と喫煙者は
会社のトップになれないという
風潮が蔓延しているのだから
信じられない
ふっ
はっ
つまり
自己を管理出来ない人間が
他人を管理出来るわけがない
という発想なのか……
そういう意味での厳しさは
日本よりはるかに上だ
とにかく俺は この
自律社会になじむべく
毎日胸クソの悪い
ジョギングをしている

人の印象って結局は〝見た目〟なんですよね

江本園子

『社長 島耕作』2巻 54P

社長となった耕作は、世界中の事務所に流れる映像に出演するため、撮影の準備をしていた。ヘアメイクの江本は、今回の映像の主旨を聞き、張り切ってこう告げる。

人は人を、見た目で判断する。どんなに中身が優れていても、だらしなかったり不潔であれば、いっしょに仕事をしたいと思えないのが人情だ。

自分を過剰に飾る必要はない。流行を追わなくていい。しかし、その場に合った格好で、清潔感を保つことは、最低限のビジネスマナーと言えるだろう。

中身で勝負できる人はたいてい、外見もスマートなのだ。

あの……この撮影は何に使うんですか?
あ まだキミには言ってなかったか
社内公募のPR映像だ
実はこの度新ブランドを立ち上げるのに社員の中から公募して決めることになった
この映像は全世界の事業所約30万人の間に流れることになる
ということは社長のお顔を初めて見る従業員もいるってことですか?
海外の事業所の連中はほとんど知らないだろうな
RENT
あら じゃはりきってメイクしなければ!!
人の印象って結局は〝見た目〟なんですよね自分の企業のトップがカッコいい人とヘチャムクレのオヤジとでは社員のモチベーションが違いますものね

ハングリー精神に勝つものはないということだな

万亀健太郎『取締役 島耕作』3巻 177P

会長の万亀たちとともに、夕食をとることになった耕作。これからの中国戦略を考えるこの会合で、万亀は中国の盛況を踏まえ、こうつぶやいた。

「褒められたい」「偉くなりたい」「お金を稼ぎたい」…そんな感情は、ときに身勝手な行動や、モラルに反した行動にもつながる。しかし、それらが仕事のモチベーションになるのもまた事実。夢や目標も、もともとは欲望から生まれるものなのだ。

「何が何でも成功する」

そんななりふり構わない貪欲さは、正しく感情をコントロールすれば、最大の武器になる。

ビジネスにおいて、「やる気」に勝る才能はないのだ。

日本は
陽の沈むことがない
国だと
日本中が信じていた
……
今考えると
クレイジーですね
日本人は
もう一度
昭和30年代の
心に戻って
やり直すべき
かもしれんな
3C時代という
流行語があった
自動車《カー》　クーラー
カラーテレビ
これを手に入れるのが夢で
みんな死ぬ気で働いた
確かに似ていますね
今の中国人も
欲しいものは自家用車と
プラズマディスプレイ
そしてマンション……
それを手に入れるために
日夜猛烈に働いている
……
ハングリー精神に
勝つものはない
ということだな

何事も手間ヒマかけなければいいものは出来ないということか

島 耕作『社長 島耕作』1巻 163P

うなぎ屋で昼食をとることになった社長の耕作。注文から30分かかって出てきたうなぎをほおばり、こうつぶやいた。

「量より質」などと言われるが、本来「質」とは「量」から生まれる。たくさんのアイデアや検証から選び抜かれ、磨かれたものに人々は価値を感じるからだ。

耕作は、他社から寄せ集めた部品を組み立てて製品にするアメリカ企業の商法を例にとり、こう表現した。

「ありあわせのものを詰めただけの弁当は見た目はよくても決してうまくないというのと同じだ」

かんたんにつくったもの、急いでつくったものは、世に出れば必ずばれる。

はい うな重 お待ちどうさま
おおーッ やっと 出てきたか 30分待ったぞ
はい ちゃんとした うなぎ屋さんは 注文を受けてから 割《さ》いて焼くので 最低30分はかかります
何事も 手間ヒマかけなければ いいものは出来ない ということか
我々の業界も 同じような ことが 言えるがな

独創性なんてのはこの世界じゃ時間が決めることなんだ

福田敬三『課長 島耕作』1巻127P

ポスターの制作を担当していた耕作は、悩んでいた。スペースシャトルを用いたデザイン案が、ライバル社であるソラー電機に先を越されて世に出されてしまったからだ。2万部のポスターをすでに刷ってしまっていたため、そのデザインのまま進めてしまおうとする耕作だったが、部長の福田は声を荒らげ却下した。

新商品、新企画など、ライバルがいる場合は特に、スピードを大切にすること。ゆっくりやれば、だれでもできる。素早くやるから、プロなのだ。その大切さを、福田の怒鳴り声が表している。

「消費者にとっては同じものが後から出たらそれは全部猿真似や！」

このときの印刷費は1000万円。大企業としてのプライドを守り、独創性を追求するために、初芝電産は安くない代償を払うこととなった。

いや 我々としては別に真似をしたわけではなくてその…偶然の一致というか……
消費者にとっては同じものが後から出たらそれは全部猿真似や！
それぐらいわからんのか！
ドアホ
……ごもっともです
人間の考えることはオオムネ一緒やでスペースシャトルぐらい誰でも考えることや
独創性なんてのはこの世界じゃ時間が決めることなんだ

予備交渉段階では裏で話を進めるのがビジネスの基本だ

樫村建三『課長 島耕作』11巻 196P

フィリピン・ハツシバの社長・樫村は、極秘プロジェクトを進めていた。自社単独資本の新しい会社をフィリピンにつくろうとしていたのだ。彼は交渉相手との接点を持つため、まずはフィリピン人の秘書・ローラに情報を入手するよう指示を出す。「なぜ直接会って交渉しないのか」と質問する彼女に、彼はこう答えた。

相手の情報を知らずに初対面で交渉をスタートさせても、話が前に進むことは少ない。逆にビジネス以外の場で事前に知り合っておけば、相手の状況や好みに合わせて話を有利に進めることができるのだ。

樫村と耕作はローラの情報をもとに、交渉相手の弱みを摑むことで見事単独資本の会社設立の権利を勝ち取る。

交渉前の準備の出来が、交渉の結果を決めるのだ。

はい　わかりました
1つ質問しても
よろしいですか
いいとも
何だ？
ビジネスの話でしたら
どうして　正式に
交渉を申しこまない
んですか？
実はこのことは
ハツシバ関係者も
俺達以外には
知らされていない
表立って動くと
日本の同業他社を
刺激するし
フィリピンの
同業メーカーだって
阻止してくるだろう
こういう
予備交渉段階では
裏で話を進めるのが
ビジネスの基本だ

現場には現場の仕事があり
その上にはその上の仕事がある
働く座標が変わっただけで
仕事という代物は尽きることがない

島　耕作　『部長　島耕作』1巻　10P

部長に昇進した耕作は、相変わらず忙しい日々を送っていた。彼は上層部との会議後、昇進前の仕事を思い返しながら、ふとこんなことを考える。

「役職が上がれば、仕事が楽になるのでは」

そんな思いを抱くことがあるかもしれない。しかし、それは妄想だ。新人には新人の、部長には部長の仕事が山ほどある。資料づくりで徹夜をする日々も、チーム全体をまとめる日々も、内容が違うだけで忙しさは変わらない。

「早く偉くなって早く帰りたい」

そう思っている限り、偉くはなれないだろう。いままでたくさんの量をこなし、これからもたくさんの量をこなせる人が偉くなる。運よく楽をして偉くなれる人なんて、ほんの一握りだ。

真面目に、一生懸命働いていれば、仕事は毎日忙しい。

部長になって現場から離れると
少しはヒマになるかと思っていたが
とんでもない思い違いだった
毎日が目のまわるような忙しさだ

現場には
現場の仕事があり
その上にはその上の
仕事がある
働く座標が
変わっただけで
仕事という代物は
尽きることがない

自分達が一生懸命作っている製品を愛せなくてどうするんですか自分達が所属する会社を愛せなくてどうするんですか

島 耕作

『常務 島耕作』2巻 33P

中国にある初芝の工場で、従業員がストライキを起こした。耕作は食堂に集まっている従業員に対して説得を試みるが、一部の者から卵を投げつけられてしまう。それでも彼は、説得をつづけた。

上司からの理不尽な指示や、面倒な会社のルールに不満を持つこともあるだろう。しかし、いやいや仕事をするより、前向きに働く方が自分もまわりも幸せなはず。そもそも、そこで働くことを選んだのは自分自身なのだから。

権利を主張する前に、自分が組織の中できちんと役目を果たせているか、会社に誇りを持てているか、自問自答することも、ときには必要かもしれない。

日本を好きになれないなら
それでも構いません
それは個人の自由ですから
しかし　自分達が一生懸命
作っている製品を
愛せなくてどうするんですか
自分達が所属する会社を
愛せなくてどうするんですか
どうか　初芝を愛して下さい
そして　いい製品を作って
中国の人々に喜んでもらって
その会社から給料をもらって
自分達の生活を
向上させていって下さい
今のことを
理解した人は
速やかに
職場に戻って
いただきたい
その人達には
今回の騒動の責任は
一切問わないし
サボタージュによる
減給もいたしません

column 5

「郷」に入《い》っては郷に従う

アメリカ、中国、ロシアなど、転勤や出張で世界中を飛びまわる耕作。
彼はどこに行っても、まずは現地の暮らしを学ぼうと努力した。
相手の習慣、文化、考え方を理解することが、
新しい環境にとけ込むための最善策だと知っていたからだ。

ロシアに来たらロシアの酒を飲む!!
これは当たり前!!

初芝の新しい社名を出張先のロシアで決定した耕作。その祝いの席で彼は、高級ワインを用意してもらっていたにもかかわらず、ロシア名物・ウオツカを楽しむ。

『社長 島耕作』3巻 184P

冬のロシア出張が決まった耕作。「めちゃくちゃ寒そう」と言う彼に対し、秘書・多田は厳しくも正しい言葉を返す。

『社長 島耕作』2巻 77P

インドネシアに出張中、部下の社員とともに現地の市場を見てまわる耕作。この帰りに寄った餃子店で、偶然彼は新しいビジネスチャンスを手に入れる。地元の店での食事も、大切な仕事の1つなのだ。

『社長 島耕作』16巻 102P

第6章

自分を過信しない
（油断・偏見・思い込み）

よく考えたら私一人がいなくても大して変わらないんです仕事なんて案外そんなもんでしょう

島 耕作
『取締役 島耕作』1巻 54P

福岡ハツシバ販売センターで定年退職することになった今野。最後の出社日、耕作は彼が会社から帰宅する際、わざわざレンタルしたスポーツカーに乗って出迎え、退職を祝う。耕作の仕事を気づかう今野に対し、耕作はあっけらかんとこう言った。

耕作は人一倍責任感の強い男でありながらも、一方で自分1人の無力さを、よく知っている男でもあった。

重要なポジションで働いているとき、残業がつづくとき、人は「自分なしでは仕事が成り立たない」と考えてしまう。しかし、1人でできることなんて、たかが知れているのだ。

自分が急にいなくなっても、会社はいつも通りちゃんとつづく。

レンタカーです
お宅まで
お送りしましょう
カハハハハ
送迎車で会社から
帰宅するなんて
生まれて初めてや
島君　このまま
まっすぐ
帰りたくないな
わしはヒマなんや
いいすね！
じゃ　海の中道でも
突っ走りますか！
ところで
ええのか？
会社の方は
今日は
サボリです
よく考えたら
私一人が
いなくても
大して変わらないん
です
仕事なんて
案外
そんなもん
でしょう

気いつけなあかんぞ
あんたらの
ちょっとした不注意が
何万人の人々に影響を
およぼすんやからな

金栗《かねぐり》『課長 島耕作』9巻 114P

毎年配る社用カレンダーの止め具が、かんたんに外れてしまう問題が発生した。カレンダーを得意先に配る予定だった販売店から本社にクレームが入り、耕作と部長の中沢は年始にもかかわらず謝罪に向かう。販売店が集う新年会の席で頭を下げる耕作に対し、市岡ハッシバ販売の社長・金栗は厳しく忠告した。

止め具がきちんと止まるか…そんな小さなチェック漏れが、大きな怒りを買ってしまった。特に定期的な仕事や慣れている仕事ほど、このような大きなミスは起こりやすい。油断してしまうからだ。

ちょっとした確認こそが、未来の自分を助けてくれる。

島はん　ゆうたな
あんた止め具をつけるときにちゃんと実験しはったんか？
は……
いえ
俺がいない時だった　おそらく今野主任はしていなかっただろう
十分ではなかったと思います……
私のミスでした
気いつけなあかんぞ　あんたらのちょっとした不注意が何万人の人々に影響をおよぼすんやからな
深く反省致します

その妙な安心感っていうか……身勝手な解釈って危険じゃやない？

大町久美子『常務 島耕作』5巻 137P

出張でインドを訪れることが多くなった耕作。彼は地元の人々と話す中で、インド人がそれほど親日的ではないことに気づく。「インド人は親日派」という、日本人の一方的な思い込みに対して、久美子は警鐘を鳴らした。

「インドは将来的に期待される国力を外交カードにして大国をうまくあしらっているようだ」

このときそう気づいた耕作だったが、ビジネスでも同じことが言える。相手が表面的に笑顔で接していても、心の中ではまったく逆のことを考えている場合もあるのだ。

仕事相手を信じることはもちろん大切だが、信じ切ってしまわぬよう、注意が必要だ。

心でつながる家族とは違い、仕事で関わる人の多くは、利益でつながる赤の他人なのだから。

クリシュさんの話を聞いてわかったわ日本人はインドから親日感情を持たれているって勝手に思い込んでいるのかもしれないわね
決して反日的ではないけど思ったほど好かれている訳ではないというのはわかった
日本人は一方的に歴史的事実をインド人の親日感情に結びつけているような気がする
その妙な安心感っていうか……身勝手な解釈って危険じゃない？

気をつけろ
そういう
上り調子の時に
何か足をすくわれる
ようなことが
よくあると
言われてるからな

所 喜太郎『専務 島耕作』4巻 11P

原子力研究機構敦賀本部長の所は、五洋電機社長・勝浦と大学時代にゴルフ同好会でいっしょに過ごした仲だった。新たなジャンルを切り拓くことに前のめりになる勝浦に対し、所はこう忠告する。

ものごとがうまく進んでいるときは、小さな問題を見過ごしてしまいがち。だからこそ、チャンスのときほどていねいに、ピンチのときほど大胆に。

このすぐ後、所の予想は的中し、五洋電機は韓国のソムサン電子から乗っ取りを仕掛けられてしまう。

チャンスとピンチはときに、ほぼ同タイミングで訪れるのだ。

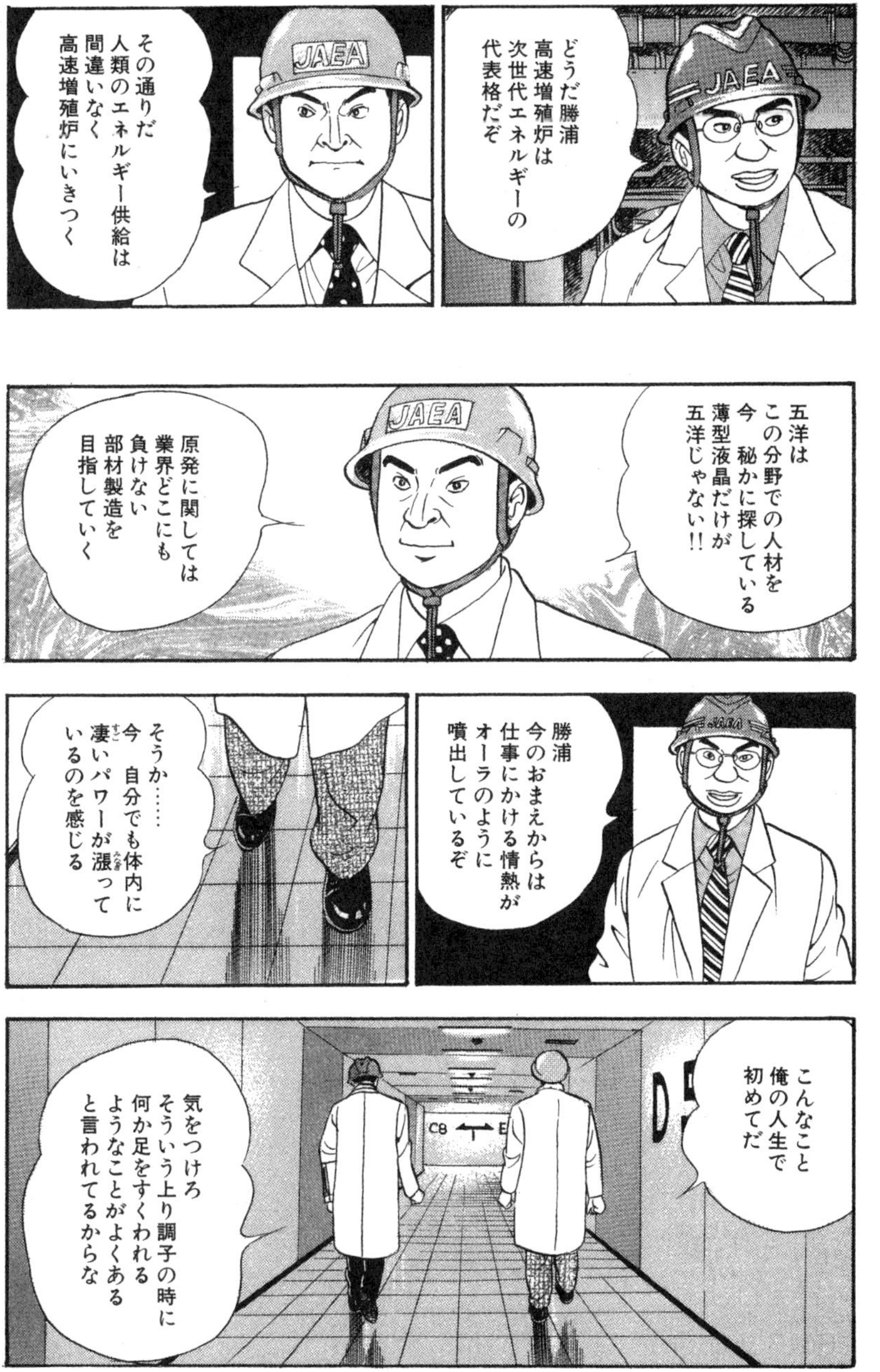
どうだ勝浦
高速増殖炉は
次世代エネルギーの
代表格だぞ
その通りだ
人類のエネルギー供給は
間違いなく
高速増殖炉にいきつく
五洋は
この分野での人材を
今　秘かに探している
薄型液晶だけが
五洋じゃない!!
原発に関しては
業界どこにも
負けない
部材製造を
目指していく
勝浦
今のおまえからは
仕事にかける情熱が
オーラのように
噴出しているぞ
そうか……
今　自分でも体内に
凄《すご》いパワーが漲《みなぎ》って
いるのを感じる
こんなこと
俺の人生で
初めてだ
気をつけろ
そういう上り調子の時に
何か足をすくわれる
ようなことがよくある
と言われてるからな

居心地がいいと人間はすべてが馴《な》れ合《あ》い的になってしまうのであまりいい傾向ではありません

島 耕作 『取締役 島耕作』4巻125P

上海初芝電産で働く耕作は、中国人社員を積極的に役職につけようとしていた。信頼できる現地スタッフが増えてきたからだ。逆に彼は、上海での暮らしを楽しんでいる日本人スタッフを減らそうと提案した。

時間が経てば仕事に慣れ、うまくできるようになる一方、気の緩みが生まれてしまう。人間関係も同様に、何度もいっしょにやっている相手とは、「これがいい」ではなく「これでいい」を選択してしまうこともある。

居心地のいい環境が、自分の成長を止める可能性もあることを、心に留めておくべきだろう。ほどよい緊張感がなければ、人は変化の少ない方、楽な方を選んでしまうからだ。「馴れ合い」と「支え合い」は、意識の面で大きく違う。

アメリカの企業では中国に進出して半年もたてばアメリカ人のスタッフは全部引きあげて中国人に任せきるのが一般的です
その際契約書を今の3倍くらいの厚さにしなければならないでしょう
つまりトラブった時にすべてのケースに対応出来るような細かい取り決めをしておかなければならないということです
確かにそうですね日本の企業は外国と比べて契約がアバウトですねそのおかげで解釈の違いからよくもめます
中国のうちの社員は帰国することを望んでいる人間は多いのか？
そういう人もいますがむしろ上海をエンジョイしている人が多いです
つまり居心地がいいからです居心地がいいと人間はすべてが馴《な》れ合《あ》い的になってしまうのではあまりいい傾向ではありません

可哀想や思うのはこっちのものさしではかって思うことどっしゃろ本人は一番好きなことしとるのかもしれまへん人の幸せって他人にはわからへんのちゃいますか

鈴鴨かつ子『課長 島耕作』5巻 39P

かつ子と食事を終えた耕作は、道ばたで浮浪者とすれ違う。「何か可哀想だな」とつぶやく耕作に、かつ子は微笑みながら反論した。

営業に生きがいを感じる人がいれば、ものづくりに没頭する人、教えるのが好きな人、もしくは家庭第一と考える人…ビジネスの現場には10人いれば10通りの価値観を持った人がいる。その違いを尊重して仕事を進めなければ、必ずトラブルが起きてしまう。

別のシーンでも耕作は、付き合いのあるデザイン会社の男からこう指摘され、自分自身の姿勢を反省することになる。

「あなたが業者の立場やったらどないしはります？」

相手の立場をどれだけ想像できるか。自分が見ている世界は、世の中のほんの一部であると自覚しているか。その差が、人に好かれるかどうかを分ける。

ブツ ブツ
ブツ ブツ
へぇ! まだこの辺に 浮浪者が いたんだ
ペタ ペタ
ああ あの おじいさんね この辺りの 名物男みたいな 人どすわ
何か可哀想だな
あら そうかしら 案外幸せかも しれへんえ
え?
可哀想や思うのはこっちの ものさしではかって 思うことどっしゃろ 本人は一番好きなこと しとるのかもしれまへん
人の幸せって 他人には わからへんの ちゃいますか

歪《いびつ》な私的感情が根底にあるために大きな判断ミスをすることがあるかもしれませんね

小栗忠光『社長 島耕作』1巻 190P

初芝のライバル企業、ソムサングループの社長に就任することになったイ・カプス。幼い頃日本に住み、イジメを受けた経験を持つ彼は、日本が嫌いだった。イ・カプスとの会食時にその話を聞いた小栗は、帰りの車の中で彼の印象をこう話す。

生まれた場所、育った環境が違えば、考え方もまったく違う。好き嫌いも人それぞれだ。しかし、それをビジネスに持ち込むのは危険なこと。自分の思い込みは、他人から見れば一般的でないことも多いからだ。

若かりし頃の耕作は、妻の愛人である広告代理店の男に、仕事上でもつらく当たることがあったが、それも一時的なこと。年を重ねるにつれ、仕事に私生活を持ち込むこともなくなった。

ネガティブな私的感情を持ちつづけながら働けば、仕事のやり方もいつの間にかネガティブになっていく。

イ社長が日本に対して あれほど対抗意識を 持つ理由が わかりました
そうだな 友好条約と宣戦布告を 同時に突きつけられた ような気がするな
でも　もしかしたら そういう歪《いびつ》な 私的感情が 根底にあるために 大きな判断ミスを することがあるかも しれませんね
キミも そう感じたか 私も　イ・カプスの 弱点はそこだと 思った

結局　彼が道を踏みはずしたのも自分を信頼してくれる人がまわりにいなかったということかも知れませんね

小栗忠光『社長 島耕作』4巻114P

取締役の八木の水死体が、ロシアで発見された。ロシアを訪れていたクラブのママを追って入国し、彼女を殺した後、逆にロシア側に葬られてしまったのだ。スキャンダルに怒る八木の妻のもとを訪れた帰り道、専務の小栗はこうつぶやく。

仕事をする上で、耳の痛いアドバイスをくれる存在ほど大切な人はいない。

かつては耕作のもとで真面目に働き、スピード出世を果たし、48歳で取締役となった八木。彼はいつからか独りよがりな判断をするようになり、女に溺れ、非業の死を遂げてしまった。彼を本気で正しい道に連れ戻そうと考えてくれる仲間がいなかったのだ。

自分が道を踏みはずしているかどうかは、自分よりもまわりの人の方が見えている。それを教えてもらえるかどうかは結局、人とのつきあい方次第なのだ。

何だか八木さんが可哀《かわい》相《そう》になりました
うん　あそこまで奥さんの怒りを買っているとは……
結局　彼が道を踏みはずしたのも自分を信頼してくれる人がまわりにいなかったということかも知れませんね
そういう人間はたぶん八木君だけじゃない全国の至るところに同じようなサラリーマンがたくさんいると思う

サラリーマンでトップに立つ人たちは一見 豪放磊落《ごうほうらいらく》に見えたりするけどほんとうは小心な人間ほど出世するんだってね……

田代友紀『課長 島耕作』1巻 35P

部下の友紀と一夜を過ごしてしまった係長の耕作。休日に友紀から呼び出され、あわてて彼女のいる喫茶店に向かった彼は、テーブルすれすれまで頭を下げる。そして妻や娘への思い、自分の人生についてしどろもどろに語りはじめた。そんな耕作に、微笑みを浮かべながら友紀はこう言ったのだ。

耕作は明るい性格でありながらも、一方で常にリスク回避のために悩みつづける人でもあった。事実、2人で過ごした夜ですら、ベッドの上で友紀の性格を分析し、家族や会社にばらされることを恐れていたのだ。

「島さん 部長まで行っちゃうわよ きっと！」友紀は喫茶店でこう予言したが、それは見事に外れた。耕作は彼女の予想をはるかに超え、会長にまで上り詰めたからだ。

自分の行動を常に見つめ直し、何度も憂鬱な気持ちになる。その克服を繰り返せる人が、出世する人なのかもしれない。

ねえ……
奥さんに
なんていって
出て来たの！
いやその
タバコを買って
……
あのねえ！
たのむ！
このとおりだ!!
ウフフ　大丈夫よ
私　今日《きょう》は別《べつ》に強請《ゆすり》を
しに来たわけでもないし
剣突《けんつく》をくわせに来た
わけでもないの！
そんなに蒼《あお》ざめないで
ホッ
そ
そう……
サラリーマンで
トップに立つ人たちは
一見豪放磊落《ごうほうらいらく》に
見えたりするけど
ほんとうは
小心な人間ほど
出世するんだってね……
島さん
部長まで
行っちゃうわよ
きっと！

俺は最近どうも他人《ひと》のフンドシで相撲をとっている……そしてそれがことごとく勝ち星につながる

島 耕作 『課長 島耕作』2巻104P

耕作の先輩である屋外広告課の水口。彼はニューヨークのワイスコフ劇場前に、巨大な社名ネオンを設置することに成功したが、女性が絡んだ金銭トラブルで会社を辞めることになってしまう。ネオン設置の偉業は上司によって耕作の手柄に差し替えられ、あろうことかそれは社長賞《グランプリ》を受賞。耕作は複雑な思いでその報告を耳にする。

成功を手にしたとき、その人の真価が問われる。仕事の過程で失敗やまずい対応があったとしても、結果がよければまわりも面と向かって注意できないからだ。

自分の調子や運がいいときほど、自分で自分を疑うこと。耕作はその感覚がすでに身についていたのだろう。この受賞の報告を聞いて、最後にこう締めくくっている。

「正直言って自分の実力以上に評価されるのがこわい」

先日行われた
社内宣伝物コンクールで
ハツシバアメリカの
ネオンサインが
栄えある社長賞《グランプリ》を
とったんだよ
わーははは
ははは…
グランプリを
海外部門がとったのは
前代未聞のことなんだ
おまえの名前も
売りこんだだろうが
初芝本社の
人事部に向けて
俺自身のPRにも
成功したんだ
ワハハハハ!!
ドサ
水口の野郎
結構な置き土産を
していってくれたもんだ
俺は最近どうも
他人《ひと》のフンドシで
相撲をとっている
……
そしてそれが
ことごとく勝ち星に
つながる

新しい力が生まれようとする時は必ずそれを叩こうとする反対勢力がある古今東西変わらん原理だ

木野 穣 『課長 島耕作』9巻 7P

ときは20世紀後半。東西ドイツの統一直前で混乱するヨーロッパから戻ってきた初芝の会長・木野。彼は、副社長の大泉と権力争いをする社長の苫米地に、ヨーロッパ情勢を例えに用いて、皮肉めいた言葉を放つ。

苫米地は木野から社長交替を提案されても断固拒否し、その地位を守りつづけようとした。しかし、派閥内の裏切りによって社長を解任され、副社長の大泉が新社長の座につくことに。新勢力の勢いや変化を求める波を、苫米地は読み切れなかったのだ。

いま「二大勢力」を誇っていても、新しい風を無視していると、いつしか「反対勢力」となり、敗れ去ってしまう。

社長から一転、会社を辞めることになった苫米地の運命が、それを如実に物語っている。

11月10日 午前10時
どうでしたか 会長 ヨーロッパは?
うん 今 東側が あの状態だから てんやわんやだよ
ドイツが統合されたら ネオ・ナチズム台頭の恐怖が あるらしいですなあ 欧州《あっち》の連中には……
ハハハ
新しい力が生まれようとする時は 必ず それを叩こうとする 反対勢力がある
古今東西 変わらん原理だ

俺なんか人生そのものが罪の塊だ

島 耕作

『課長 島耕作』2巻 109P

ニューヨークの日本料理店で働く男は怒っていた。その店の調理法に納得がいかないからだ。エビをわざわざ包丁で開き、衣をたくさんつけて大きく見せる天ぷらを男はこう批判した。

「嘘は罪ですよ やっぱ」

その言葉を聞き、耕作は心の中でこうつぶやいた。

自分は浮気をつづけているのに、妻の浮気を疑い、依頼してしまった浮気調査。自分は何もしていないのに、手柄を横取りするような形で受賞してしまった社長賞。

食事の時間ですら自分自身を見つめ直し、思いにふける耕作は、ことあるごとに自分の行動や起きた結果を分析する「反省のプロフェッショナル」でもあった。

俺なんか 赤坂の一流店で働いていたのにここにきてこんな田舎料理作らせられるなんて情ねえ話すよ 全く
でも まあこっちの方がよろこばれるのならそれでいいんじゃないのかなあ
そうでしょうかねあっしゃ職人気質が強いせいか大きくみせるエビの天ぷらなんて許せねえっス
嘘は罪ですよやっぱ
It's a sin to tell a lie……
俺なんか人生そのものが罪の塊だ

column 6

「いま」を生きる

先を見て行動する耕作のような生き方があれば、
「いまが楽しければそれでいい」という生き方もある。
自分とはまったく違う生き方をする人間に出会った耕作は、
目から鱗が落ちる思いで彼の言葉に耳を傾けた。

目の前の難問をとりあえずクリアして だましだましやってゆく ……それがわしの 人生哲学ですわ

ま　その時は対症療法で うまくやってゆきますよ
目の前の難問を とりあえずクリアして だましだましやってゆく ……それがわしの 人生哲学ですわ

対症療法より 元から治す ということを 考えた方がいい のではないですか？

初芝電産貿易のワインの卸・販売を担当していた三陽の社長・稲葉は、女性関係のもつれから、倉庫のワインを割られてしまう。彼は割れたビンが散らばる倉庫で、割られずに済んだ高級ワインを見つけ、「ヤケ酒」と言って飲みはじめた。

島さん 確かに それが正論では ありますけどな
考えてみなはれ わしはもう還暦でっせ 今さら元から治す 大手術をするより その都度 適当な 手当てをしていって 気がついたら寿命が 来ている…… それでええんですわ

『部長 島耕作』4巻 50P

ヤケ酒をはじめた稲葉は、酒の力を借りて自身の人生観を存分に語る。

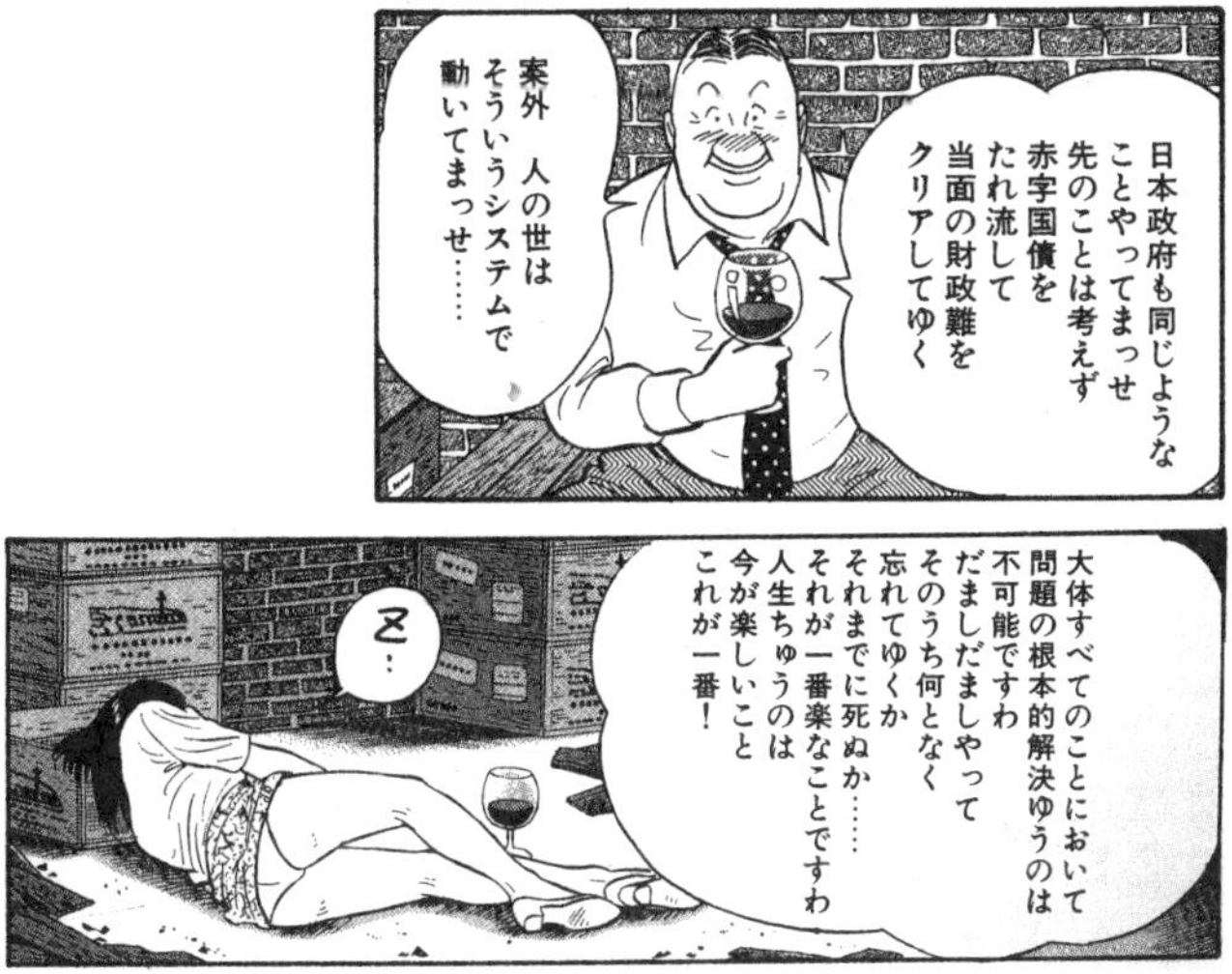

『部長 島耕作』4巻 50P

『部長 島耕作』4巻 51P

稲葉の奇想天外な人生観を聞いた耕作は、思わずこんな言葉を発した。「妙に納得してしまった……案外真理なんだよね」

第7章

組織を意識する

（リーダーシップ・視野の広さ）

組織というのは
ラグビーの
スクラムにも似ている
一人一人の力が
いくら強くても
スクラムをガチッと
バインドしなければ
力が分散して
推進する力は出ない

島 耕作 『部長 島耕作』12巻 168P

福岡ハツシバ販売センターの社長となった耕作。不況の影響で初芝本社から社員をリストラをするよう通達がくる可能性があったが、彼はそうならないよう理想の組織像について部下に語る。

どんなに優秀なメンバーが揃っていても、同じ目標に進んでいなければ、ゴールにたどり着く前にバラバラになってしまう。逆に個々の力が弱くても、全員が一丸となって進めば、大きな勝利を得ることができる。組織で仕事をする限り、チーム第一の思想は不可欠なのだ。「会社は社員の生活を守る だから会社のためにがんばってくれという論理だ」

その関係を「滅私奉公型とも違うんですね」と言った部下の多南に対し、耕作は「相互信頼型」と表現した。

会社とは本来、みんながみんなのために働けば、結果が何倍にもなって返ってくる組織であるはずだ。

そのためには社員が結束して一丸となることですか
うん　組織というのはラグビーのスクラムにも似ている
一人一人の力がいくら強くてもスクラムをガチッとバインドしなければ力が分散して推進する力は出ないそれと同じだ
長浜将軍
名代 ラーメン亭
なるほどよくわかります

確かに　君は能力がある
今の仕事では不足だ
ということもわかる
しかし　会社は
共同作業の場だ
それぞれのポジションで
それぞれの分担を
まっとうすることが
大切だと思う

島　耕作　『課長　島耕作』6巻193P

営業本部の中でも、若手ナンバーワンの呼び声高い竹綱。彼は課長の耕作が担当している仕事もやらせてほしいと、耕作に直訴する。耕作は彼の実力を認めながらも、組織としての役割を説いた。

ビジネスにおいて、自分1人で完結させられる仕事などほとんどない。どんなに自分が優秀だと思っていても、人と関わって初めて仕事は前に進むのだ。

「いまの仕事では物足りない」「つまらない」と感じたときこそ、おろそかにせずていねいに進めること。反対に、不満や愚痴をこぼしたり、自分勝手な提案をすれば、こんな噂をされるだろう。

「あの人は仕事はできるんだけれどね…」

優秀かどうかは自分が決めるのではない。あくまでまわりが評価するものなのだ。

来年度上半期の各ショールーム割り当て予算僕に組ませてもらえないでしょうか 過去5年間の各ショールームの実績をポイントに換算してコンピュータにインプットして分析しました
島課長 何かとお忙しそうなので手助けになればと思って……
ちょっと待ってくれ…… その仕事はまだ君には……
いえ 早いとは思いません やれる自信はあります
僕自身の仕事量のキャパシティは まだ充分あります
課長はただ目を通していただければいいというところまでやりますから
竹綱君 ちょっと聞いてくれ
確かに 君は能力がある 今の仕事では不足だということもわかる しかし 会社は共同作業の場だ それぞれのポジションでそれぞれの分担をまっとうすることが大切だと思う

あいつがここまで
のしあがって来たのも恐怖人事……
いつ何時飛《なんどき》ばされるかもしれない
という恐怖で　みんな服従して来たんだ
だがそんなことじゃ人は動かせない
ハートだよ樫村《かしむら》君！
大きな愛で包みこまなければダメだ

大泉裕介『課長 島耕作』8巻 221P

次の取締役会で苫米地社長と、社長の座を争うことになった副社長の大泉。彼は苫米地派の役員を味方につけるため、役員たちに株を渡して買収工作を行う。計画がうまく進んでいることを腹心の樫村から聞くと、大泉は満足そうにこう言ったのだ。

「大きな愛で包みこむ」

苫米地との争いに勝ち、社長になった大泉は、すぐにこの言葉を実践する。以前副社長の座を争った宇佐美派の福田を、取締役営業本部次長として呼び戻したのだ。それによって福田は仕事へのモチベーションを取り戻す。

私的な感情を捨て、公的な愛で包む。「報復人事はやらない」と宣言していた大泉の強い意志が、左遷で埋もれていた1人の男を再生させたのだった。

社員も一人一人が経営陣の一員であるという意識を持たせるようにしたんです

寺西洋介『常務 島耕作』3巻 13P

中国の電子部品工場でストライキが起こった。北京初芝電産のトップである小栗は、工場へ行く前に、北京で成功している日本企業・浪花衣料の社長のもとへ話を聞きに行く。社長の寺西は、従業員との信頼関係の築き方をこう述べた。

寺西の話を聞いた後、ストライキの代表者と直接会った小栗。彼は話をしっかりと聞き、主張の一部を認め、お互いに納得できる条件でストライキを止めさせた。それどころか、ストライキの間の遅れを取り戻そうと、従業員たちは一生懸命働き出したのだ。

話を聞いてもらうこと、自分を認めてもらうことがどれほど社員にとって大切なことか。寺西が残した言葉が、そのすべてを物語っている。

「国や人種が違うても皆同じ心の交流が一番深い絆でっせ」

徹底した
成果主義をとって
働いた人間に対しては
それなりの
リターンを与える
ということですか？
ちゃいまんねん
そこを説明
させて下さい
ひと言で言えば
ハートでんねん
心と心のつながり
ゆうのかな
中国人は合理主義者やと
思いこんでいる日本人は多いけど
そう決めつけてしもうたら
間違いやと思います
人間ゆうもんは
国や人種が違《ちご》うても皆同じ
心の交流が一番深い絆《きずな》でっせ
とにかく
「雇う側」と「雇われる側」
という概念をとっ払う
ことから始めました
社員も一人一人が
経営陣の一員である
という意識を
持たせるように
したんです

ほう
どうやって？
まず情報公開ですわ 隠しごとは一切せーへん
経営状態を掲示板に 洗いざらい全部 公表する
それから事業計画や 会社の将来構想を作る時に ワーカーの代表を参画させるんです
つまり 自分は会社に必要な人間だと 思わせることと この会社にいると 自己研《けん》鑽《さん》出来るという 意識をうえつけさせたんです
福利厚生施設は充実させ 社員旅行などはブロック別に ひんぱんに行いました そん時は 惜しまずに 高級ホテルを使うんです
更に 業績の優秀な従業員を 毎年10人くらい 日本の本社に呼んで 半年ほど研修してもらいます

ここでは　みんなでがんばって　いい製品を作れば　消費者が買ってくれる　その結果　会社が大きくなる　そしたらワーカーにリターンされる　という仕組みを教えるんです
そして　毎月　その月に生まれた従業員の誕生会を行って　ケーキで祝ってやる――　まるで家族ですわ
家族になれば　裏切るようなことは　せーへんですわ
最初は腹の立つことも　山ほどありました
しかし　中国人を　一面的にとらえていたら　会社経営は失敗する　ゆうことを　ここ15年間で学びました

会社と従業員は家族的ではあっても家族であってはいけないのだ

中沢喜一『課長 島耕作』16巻 50P

耕作は悩んでいた。いっしょに仕事をしているAVソフト室長の平井が、夫婦問題のもつれから暴力団に脅迫されていたからだ。要求額は5000万円。耕作は「自分で解決する」と言う平井を、会社が助けるべきかどうか部長の中沢に相談する。中沢の答えは、「会社は介入しない」だった。

強い組織は、お互いが支えあっていても、甘えあうことはない。組織でありながら、個々の生き方が尊重されているのだ。

同期入社900人の中で、いちばん先に部長職についた平井。彼は離婚という代償とともに、暴力団との問題を自分の力で解決した。

「頼りになる仲間」は、「甘える仲間」であってはいけないのだ。

本人が自力で解決すると言っているのなら本人に任せた方がいいんじゃないか？
は？
そういう個人的な問題に対して会社として　そこまでケアするのは妥当ではない　会社と従業員は　家族的ではあっても家族であっては　いけないのだ　そこまで管理することは却《かえ》って従業員を拘束することになる
それで彼が破滅することになってもそれは仕方のないことだ
ただしその男が救済を求めてきたら話は別だ！積極的に彼を支援しろ!!
わかりました！

後継者を育てるのもトップとしての大きな仕事ですからね

島 耕作

『社長 島耕作』8巻 78P

社長に就任してから2年が経った耕作は、屋形船で会長の万亀らとともに花火を楽しんでいた。その席上、数年先のことを考え、耕作はこう話しはじめる。

リーダーに求められることは、組織で結果を出すことだ。しかし、それが一時的なものであっては意味がない。この先も結果を出せるように、新しい人材を育てることも重要な仕事の1つなのだ。

耕作は後継者として3人の候補を挙げ、以後、彼らと仕事をしながら、だれが社長にふさわしいかを見極めていくことになる。

組織のリーダーは、「大きな結果を出すこと」はもちろん、「結果を出しつづけること」を考えられなければならない。

キミはホールディングスの社長になって今日までどれくらい経《た》つ？
2年が経ちました
まあ 社長には定年はないから元気なら100歳までやってもいいんだぞ
ハハハ
しかし時期的にはそろそろ後継者を視野に入れて考えなければいけない頃だな
はい 私もそう思っていましたテコットという新会社を立ちあげて業績一辺倒に気持ちが片寄っていましたが
後継者を育てるのもトップとしての大きな仕事ですからね

トップに立つ人間には
広い視野が必要だ
他の業界も見て来た方がいいぞ

島 耕作

『部長 島耕作』6巻 167P

サンライトレコードに専務として出向中の耕作は、宣伝部長の弥田を次期社長に大抜擢しようと考えていた。しかし、すぐに就任させては、社内に摩擦が起きてしまう…そこで彼は、弥田を一度別の業界に出すことを決めた。

1つの業界、会社、部署にいると、その組織でのやり方、考え方が自然と身につく。しかしそれは、悪く言えば停滞にもつながる。ものごとを1つの角度からしか見られなくなってしまう危険があるからだ。

音楽業界一筋で働いてきた弥田にとって、転職先である外食業界での経験は驚きの連続だった。そして半年後、一回り大きくなった彼は、晴れてサンライトに社長として戻ってくることになる。

視野が広がると、仕事の可能性も広がるのだ。

トップに必要なものは方向性を明確に示す力と間違った時に素早い決断を示す力だと思っています

島 耕作『社長 島耕作』8巻 83P

屋形船で会長の万亀らとともに花火を楽しんでいた社長の耕作。彼は後継者となりうる3人の候補者について話した後、自分自身のリーダー論について語る。

リーダーがいちばんやってはいけないこと、それは「間違うこと」ではなく、「迷う姿を見せること」。不必要に周囲を不安にさせてしまうからだ。

間違いに気づいたときも同じこと。どうしようか悩む姿を見せてはいけない。間違いを素直に認め、素早く正す柔軟さが不可欠なのだ。

あいまいな判断や、決断力のなさを見せれば、すぐに部下からなめられる。

なるほど 三者三様だな
島君は トップにふさわしい 人間に 必要なものは 何だと 思っている？
私は 会社の方針と方向性を はっきり示す力だと思います ここが曖昧《あいまい》では ついてくる人間は迷ってしまいます
しかし 誰だって 間違った判断をすることがあります 方針が間違ったとわかった時は 素早い対応が必要です
その時は 迷わず撤退する 時期をあやまると 命とりになります
トップに必要なものは 方向性を明確に示す力と 間違った時に 素早い決断を示す力 だと思っています

まず壊すんです
壊すだけで終わっては
単なる破壊者ですから
問題は壊したあとを
どうするかです

郡山利郎『専務 島耕作』1巻 27P

新しく社長に就任した郡山は、専務に昇進した耕作の部屋を訪れた。彼は業績が落ち込む初芝の将来を考え、耕作に自分のビジョンを語りはじめる。

事業部制の撤廃、3000人ものリストラの決行…「破壊 そして建設」を掲げ、初芝を劇的に変えようとする郡山は、宣言通り「破壊」を押し進め、「建設」への大きな方向性を示した。

後日郡山は、大改革を進める決意を述べている。

「たぶん初芝の歴史上最も悪名高い社長になることは間違いない しかし 後年必ず評価される時が来ると信じている」

逆風にさらされる覚悟なくして、真のリーダーにはなりえないのだ。

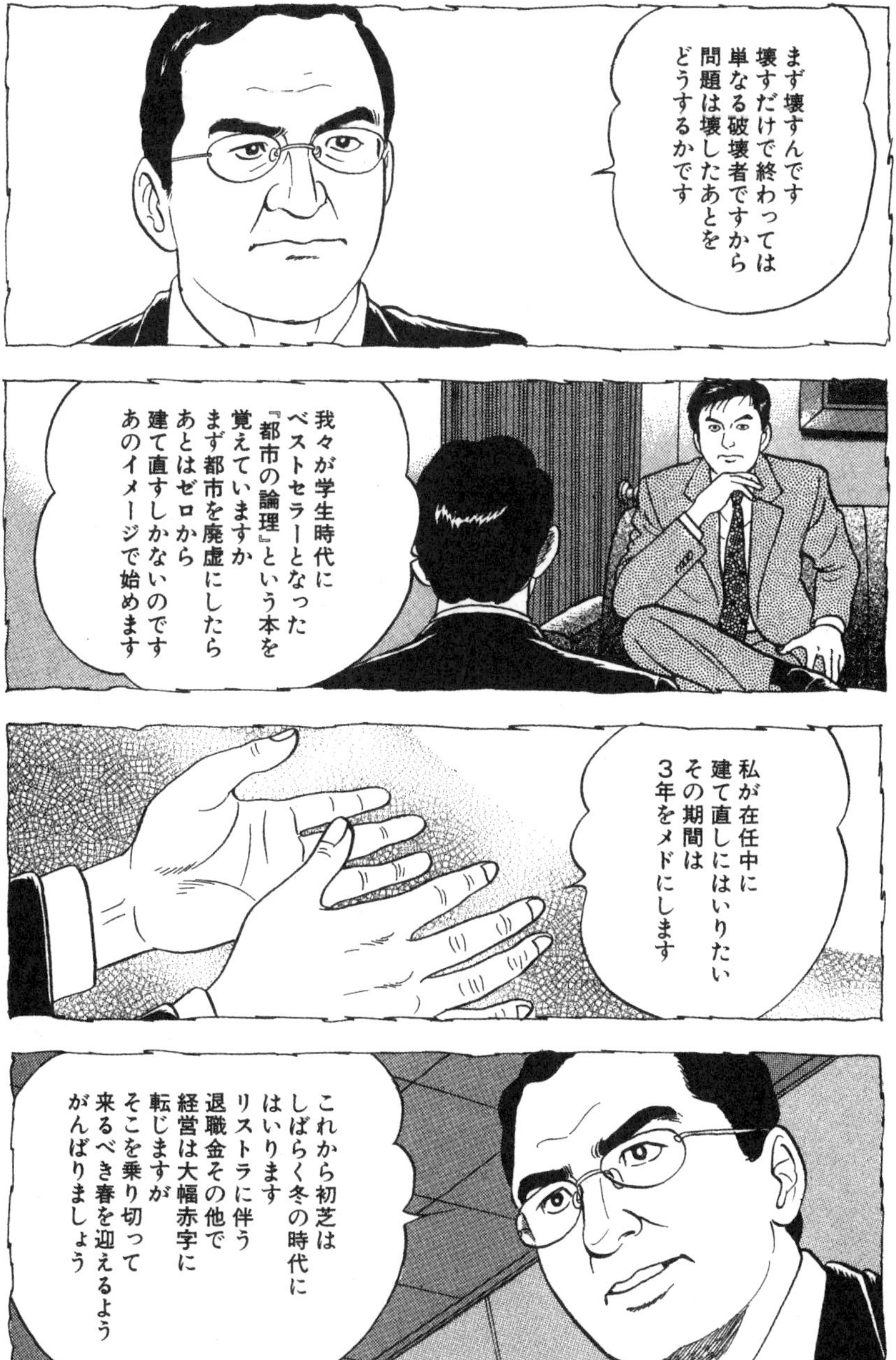
まず壊すんです
壊すだけで終わっては
単なる破壊者ですから
問題は壊したあとを
どうするかです
我々が学生時代に
ベストセラーとなった
『都市の論理』という本を
覚えていますか
まず都市を廃虚にしたら
あとはゼロから
建て直すしかないのです
あのイメージで始めます
私が在任中に
建て直しにはいりたい
その期間は
3年をメドにします
これから初芝は
しばらく冬の時代に
はいります
リストラに伴う
退職金その他で
経営は大幅赤字に
転じますが
そこを乗り切って
来るべき春を迎えるよう
がんばりましょう

好かれる人間というのは
相手が嫌がることを
言わないから
好かれるということだ
つまり言うべきことでも
相手の気持ちを
おもんぱかって言わない

中沢喜一『部長 島耕作』6巻 83P

サンライトレコードに出向中の耕作は、リストラの対象者に退職を勧告することになった。そのリストの中には、サンライトレコードの社長・金子の名も記されている。なぜ彼の首を切るのか、出向元である初芝の相談役・中沢は耕作に説明した。

組織を率いるためには、ときとして厳しい意見を言わなければならないことがある。嫌われようが、陰口を叩かれようが関係ない。

リーダーの目的は、あくまで結果を出すこと。好かれることは、結果を出すための手段の1つでしかないのだ。

この打合わせで、中沢はつづけてこう告げている。

「トップに立つ人間はシビアで合理的で人情に流されない冷徹なところも持ち合わせていなければならない」

はい　わかりました
あ　それから島君
キミの意には反するかもしれないが社長の金子君は退陣してもらうことにした
悪い人間じゃない人当たりもいい部下を叱《しか》ることもないので大変慕われている
しかし経営者としてはどうだろうか好かれる人間というのは相手が嫌がることを言わないから好かれるということだ
つまり言うべきことでも相手の気持ちをおもんぱかって言わないこれでは経営者として困る
はい

「失敗を恐れるな」
「石橋を渡るな」
「泥は自分からすすんでかぶれ」
「人生は自己責任だ
人のせいにするな」
「義理を欠いてはいけない」
そして
「情実にとらわれると
正しい道を歩けない」

郡山利郎（楠本龍彦の言葉）『専務 島耕作』1巻 18P

新社長に就任した郡山の最初の仕事は、退職勧告だった。若い頃の自分を育ててくれた副社長の楠本を、いっしょによく行った店に呼び出し、会社を辞めることを勧めたのだ。

元上司である楠本が副社長にいると、社長として正しい指示がしにくいと判断した郡山は、楠本を切り捨てた。これも組織をまとめる上で、必要不可欠な仕事だったのだ。

後日、前社長の勝木と会長の万亀との間で繰り広げられたやりとりも、リーダーであるがゆえの辛さを物語っている。

万亀「島君の弱点は郡山君のように非情になりきれないところだ　人情がありすぎる」

勝木「トップになる人間にはそれがないと下からなめられる……私も経験しましたがそれゆえにとても〝孤独〟を感じました」

組織のトップは孤独だ。だからこそ、だれも感じることのできない達成感も独り占めできるのだ。

驚いたな まだここが残って いたのか……
私は時々来てますよ 楠本さんが以前 若い私にいろいろと 仕事のことを 教えてくださった 場所だからです
………
その言葉を 忘れないためにも 時々来るんです
「失敗を恐れるな」「石橋を渡るな」「泥は自分から すすんでかぶれ」「人生は自己責任だ 人のせいにするな」
「義理を 欠いてはいけない」
そして 「情実にとらわれると 正しい道を歩けない」
すべて その通りだと思って 今も反芻《はんすう》して いるんです

今日ここに
楠本さんをお連れしたのは
ここでいろいろと
生き方を教えてもらった
ことに対する御礼と
……
次の取締役会で
ご退任願いたいと
いうことを
告げるためです

……私が邪魔になったということか？
邪魔ということではなくこれから改革をすすめる私にとってあなたがいらっしゃると仕事がしにくくなるということです
会社経営で上下関係が曖昧《あいまい》になるとどうしても気持ちが入って強く言えなくなりますその存在があなたです
この私を切り棄てるということか
「情実にとらわれると正しい道を歩けない」これもあなたから学んだことです
了解したキミの言うことも理解出来るでは失礼する

初芝のためです
楠本さん　申し訳ない

column 7

「年齢」を自覚する

若い頃は一匹狼を貫きながらも、年を重ねるにつれて
人とのつながりをより重視するようになった耕作。
彼は年齢に適した生き方を、常々考えていたのかもしれない。

俺達の年齢になって
今まで築き上げたものを
すべて投げ出すには
非常に大きなエネルギーが要るぞ

妻と離婚して外国人の彼女と結婚しようとする同僚の平瀬に、耕作は考え直すよう説得した。50歳目前の彼らにとって、その冒険はリスクが高過ぎると感じたのだ。

『部長 島耕作』1巻 189P

定年間近で左遷された今野は、ショックから出社拒否をしていた。社内で嫌われ者だった彼に、耕作はもう一度会社に来てやり直すよう促す。翌日から出社した今野は、みんなの机に花を飾ることをはじめ、「嫌な今野」のイメージを払拭することに成功した。

人と出会い　人と別れる
――人生というのは
そのくり返しなんだ

課長　島耕作　10巻　69P

文：森山晋平（ひらり舎）
1981年生まれ。ひらり舎。食品会社の営業、広告制作会社のコピーライターを経て、出版社に入社。広告コピー本や風景写真集の企画・編集を多数手がける。現在はフリーの編集・企画者。

デザイン：公平恵美
校正：土屋恵美
協力：森山 明

「運《うん》」も「人《ひと》」も味方《みかた》につける100のコツ
ビジネスパートナーと最強《さいきょう》の人間関係《にんげんかんけい》がつくれる
島耕作《しまこうさく》の名言集《めいげんしゅう》
NDC509.67

2016年7月20日　発　行

監修者　弘兼憲史《ひろかねけんし》　モーニング編集部《へんしゅうぶ》
発行者　小川雄一
発行所　株式会社　誠文堂新光社
〒113-0033　東京都文京区本郷3-3-11
（編集）電話 03-5800-5776
（販売）電話 03-5800-5780
http://www.seibundo-shinkosha.net/

印刷所　星野精版印刷 株式会社
製本所　和光堂 株式会社

ISBN978-4-416-61661-1